DU PRINCIPE

DE LA

NON RESTITUTION

DES DROITS D'ENREGISTREMENT

RÉGULIÈREMENT PERÇUS

ET DE SES EXCEPTIONS

THÈSE POUR LE DOCTORAT

Présentée et soutenue

Le 8 Février 1899, à 10 heures du matin

PAR

GASTON NICOLLE

RECEVEUR DE L'ENREGISTREMENT

PARIS

LIBRAIRIE NOUVELLE DE DROIT ET DE JURISPRUDENCE

ARTHUR ROUSSEAU, ÉDITEUR

14, RUE SOUFFLOT ET RUE TOULLIER, 13

1899

THÈSE

POUR LE DOCTORAT

FACULTÉ DE DROIT DE LILLE

Enseignement :

MM. VALLAS (O. I. ✿), Doyen, Professeur de Droit civil.

FÉDER (O. I. ✿), Professeur de Droit civil.

GARÇON (O. I. ✿), Professeur de Droit criminel, chargé de cours à la Faculté de Paris.

LACOUR (O. I. ✿), Professeur de Droit commercial.

BOURGUIN (O. I. ✿), Professeur de Droit administratif.

MOUCHET (O. I. ✿), Professeur de Droit romain.

JACQUEY (O. I. ✿), Professeur d'Histoire du droit.

DESCHAMPS (O. A. ✿), Professeur d'Économie politique, chargé de cours à la Faculté de Paris.

WAHL (O. A. ✿), Professeur de Procédure civile.

JACQUELIN (O. A. ✿), Professeur adjoint.

PELTIER, Agrégé, Chargé de cours.

COLLINET, Agrégé, Chargé de cours.

MARGAT, Agrégé, Chargé de cours.

PERCEROU, Agrégé, Chargé de cours.

DUBOIS, Chargé de cours.

Administration :

MM. VALLAS (O. I. ✿), Doyen.

LACOUR (O. I. ✿), Assesseur.

SANSON (O. A. ✿), Secrétaire.

Doyen honoraire :

M. DE FOLLEVILLE (O. I. ✿).

Secrétaire honoraire :

M. PROVANSAL (O. I. ✿).

Jury d'examen :

Président : M. WAHL, *professeur.*

Suffragants : { MM. FEDER, *professeur.*
{ MOUCHET, *professeur.*

DU PRINCIPE

DE LA

NON RESTITUTION

DES DROITS D'ENREGISTREMENT

RÉGULIÈREMENT PERÇUS

ET DE SES EXCEPTIONS

THÈSE POUR LE DOCTORAT

L'ACTE PUBLIC SUR LES MATIÈRES CI - APRÈS

Sera soutenu le 8 Février 1899, à 10 heures du matin.

PAR

Gaston NICOLLE

RECEVEUR DE L'ENREGISTREMENT

PARIS

LIBRAIRIE NOUVELLE DE DROIT ET DE JURISPRUDENCE

ARTHUR ROUSSEAU, ÉDITEUR

14, RUE SOUFFLOT ET RUE TOULLIER, 13

1899

TABLEAU DES ABRÉVIATIONS

Av. Cons. d'Ét.	Avis du Conseil d'État.
Circ.	Circulaire.
C. civ. ou C. C.	Code civil.
C. proc.	Code de procédure.
Cass.	Arrêt de la Cour de Cassation.
D.	Jurisprudence générale de Dalloz.
D. m. f.	Décision du ministre des finances.
Dél.	Délibération de l'administration.
D. N.	Dictionnaire du Notariat.
Inst. ou I. G.	Instruction générale de l'administration.
J. E.	Journal de l'Enregistrement.
J. N.	Journal des Notaires.
R. P. ou Rép. pér.	Répertoire périodique de M. Garnier.
S. ou Sir.	Recueil des lois et arrêts de Sirey.
Sol.	Solution de l'Administration.
V°	*Verbo, verbis.*

BIBLIOGRAPHIE

Bosquet. — Dictionnaire raisonné des Domaines.

Championnière et Rigaud. — Traité des droits d'Enregistrement.

Dalloz. — Répertoire de législation.

Demante. — Principes de l'Enregistrement.

Garnier. — Répertoire général de l'Enregistrement.

    —   Répertoire périodique de l'Enregistrement.

Naquet. — Traité des droits d'Enregistrement.

Wahl. — Revue de l'Enregistrement (année 1894).

TABLE DES MATIÈRES

                                                                    Pages

Chapitre   I. — *Caractère et fondement de l'art. 60. (Loi
            du 22 frimaire an VII). Droits auxquels il
            s'applique*   1

Chapitre   II. — *Conditions nécessaires à l'application de
            l'art. 60*   11

            § 1. — Le droit doit avoir été perçu   11
            § 2. — Il faut que la perception ait été régu-
                  lière   30
                  A. Des actes imparfaits et des actes
                       nuls   32
                  B. De l'influence de la condition sur la
                       régularité de la perception   45
                  C. De l'erreur   63
            § 3. — Il faut que l'énonciation des faits invo-
                  qués à l'appui de la demande du re-
                  devable, se rapporte à des événe-
                  ments ultérieurs à la perception   74

Chapitre   III. — *Des perceptions provisoires*   85

Chapitre   IV. — *Des exceptions au principe de la non-res-
            titution*   99

            § 1. — Droit de titre perçu à défaut de justi-
                  fication sur un jugement ou sur un
                  arrêté (art. 48, loi du 22 frimaire
                  an VII)   100
            § 2. — Délégation de prix dans un contrat
                  (art. 69, § 3, nº 3 de la loi du 22 fri-
                  maire an VII)   103

§ 3. — Droits perçus sur une adjudication d'immeubles faite en justice et annulée par les voies légales. (Avis du Conseil d'État des 18-22 octobre 1808.)...................... 111

§ 4. — Droits de mutation payés sur les biens d'un absent. (Art. 40, loi du 28 avril 1816.)........................... 115

§ 5. — Droits perçus sur les acquisitions amiables faites antérieurement aux arrêtés de cessibilité du préfet. (Loi sur l'expropriation pour cause d'utilité publique du 3 mai 1841, art. 58.)... 121

§ 6. — Droits perçus sur les cessions d'office. (Loi du 25 juin 1841, art. 14.)...... 132

§ 7. — Droits perçus sur les actes préparatoires aux ventes judiciaires d'immeubles. (Loi du 23 octobre 1884.). 142
    A. Des conditions de fond............. 143
    B. Des conditions de forme............. 153

CHAPITRE V. — *Du droit fixe de formalité, des amendes et droits en sus*...................... 161
    § 1. — Du droit fixe de formalité........... 161
    § 2. — Des amendes et droits en sus.... 162

CHAPITRE VI. — *De la prescription*...................... 167

CHAPITRE VII. — *Critique*............................... 171

DU PRINCIPE DE LA NON RESTITUTION
DES DROITS D'ENREGISTREMENT

RÉGULIÈREMENT PERÇUS

ET DE SES EXCEPTIONS

CHAPITRE PREMIER

CARACTÈRE ET FONDEMENT DE L'ARTICLE 60
(LOI DU 22 FRIMAIRE AN VII). DROITS AUXQUELS IL S'APPLIQUE

Le principe de la non-restitution des droits d'enregistrement régulièrement perçus se trouve renfermé dans l'article 60 de la loi du 22 frimaire an VII ainsi conçu :

« Tout droit régulièrement perçu, en conformité de la
« présente, ne pourra être restitué, quels que soient les évé-
« nements ultérieurs, sauf les cas prévus par la pré-
« sente. »

Cette disposition, il faut bien l'avouer, quelque peu draconienne dans son interprétation la plus bienveillante même, constitue une importante innovation du Droit fiscal moderne. Outre l'obligation de restituer les droits que ses préposés avaient perçus par erreur, dans l'ancien Droit, le fermier devait, dans certains cas, restituer des droits régulièrement perçus; et résumant la jurisprudence

en la matière Bosquet disait (1) : « Le fermier des do-
« maines est obligé de restituer les droits que les commis
« de sa ferme ont excessivement ou mal à propos perçus
« par ignorance ou impéritie ; il tâche d'en prévenir les
« demandes autant qu'il est possible, en chargeant les
« employés supérieurs de veiller à ce que ces restitutions
« soient faites avec la même attention qui leur est recom-
« mandée pour rechercher les droits négligés. Le fermier
« est même quelquefois dans le cas de restituer des droits
« de centième denier et de lods et ventes, quoiqu'ils
« aient été légitimement payés, si la cause pour laquelle
« ils ont été acquittés est ensuite anéantie, en la déclarant
« nulle *ab initio,* au lieu que si la nullité n'est prononcée
« que faute d'exécution, le contrat n'est pas anéanti dans
« son principe ; il était bon en soi et le droit de centième
« denier qui en a été payé n'est pas restituable. »

Sous l'empire de cette législation, la question des restitutions n'offrait aucune difficulté particulière, mais il n'en
est plus de même depuis l'article 60 dont l'application a soulevé d'innombrables procès et motivé les solutions les plus
contradictoires en doctrine et en jurisprudence. Jalouse
avec l'administration, de la sauvegarde des intérêts du
Trésor, la Cour de Cassation s'est souvent crue autorisée,
par une trop sévère interprétation du texte, à sacrifier les
principes du Droit civil et souvent aussi ceux de l'équité.

Le législateur de l'an VII, qui a codifié avec une préci-

____

(1) *Dictionnaire raisonné des domaines,* v° restitution, n° 2.

sion et une logique remarquables, les dispositions relatives aux droits de contrôle et de centième denier, s'est efforcé, à l'instar des vieux feudistes, de prendre partout dans le Droit civil pur, les bases du Droit fiscal.

Il a essayé d'enlever à l'impôt, en ce qui concerne les droits d'enregistrement, ce qu'il a d'arbitraire et par là même de vexatoire. Mais, parfois, la nécessité a été plus forte que lui, et il s'est vu obligé d'édicter des dispositions de rigueur, qui sont autant d'exceptions aux règles du droit commun, créées pour les besoins du Trésor qu'il avait mission de protéger : L'article 60 que nous allons étudier, est une de ces exceptions.

C'est un principe du Droit moderne, basé sur l'équité et déjà admis, du reste, en Droit romain, comme dans notre ancien Droit, que celui qui a payé l'indû par erreur est autorisé à répéter ce qu'il a avancé.—Articles 1235 et 1376 du C. civ. — L'article 1235 nous dit : « Tout payement sup« pose une dette, ce qui a été payé sans être dû est sujet « à répétition... » En prohibant, d'une façon générale, la restitution des droits régulièrement perçus, et cela quels que soient les événements ultérieurs, le législateur de l'an VII a donc fait échec au principe de la répétition de l'indû. Les faits postérieurs à la perception, annulant la cause qui l'a motivée, peuvent se concevoir sous des formes multiples, et cependant les exceptions à l'article 60 prévues par la loi de frimaire ou par des lois postérieures sont d'un nombre si restreint, qu'il est permis de dire, en thèse générale, que les demandes en restitution pré sentées par les redevables, se heurteront toujours à un refus formel de l'administration.

Par quels motifs peut-on justifier la disposition rigoureuse de l'article 60? Pourquoi a-t-il innové sur les règles du Droit fiscal de l'ancien régime et dérogé au principe le plus équitable du Droit commun?

On ne voulait pas assimiler à l'égard du payement de l'indù la situation de l'administration à celle d'un tiers quelconque; il fallait un texte qui mît la Régie à l'abri de trop fréquentes demandes en restitution, dont l'examen eût amené de grandes complications. Toutes les perceptions n'auraient plus été que provisoires et si les préposés eussent été obligés d'admettre les réclamations postérieures des redevables, ils auraient souvent vu leur bonne foi surprise par des collusions frauduleuses dont l'existence leur aurait presque toujours échappé. En outre, on a craint que dans l'application des règles de la répétition de l'indù, les tribunaux, cédant aux considérations d'équité, ne donnassent trop facilement gain de cause aux redevables, et qu'ainsi le résultat définitif des recettes ne fût considérablement diminué. En 1798, au moment où la France avait un pressant besoin d'argent, on eût été forcé, pour combler le déficit, d'augmenter le tarif des mutations; et déjà certains droits presque inconnus jadis, celui des mutations en ligne directe, par exemple, paraissaient trop exorbitants pour qu'on pût songer à les élever encore. Dans ces conditions, l'ordre public et l'intérêt général exigeant le sacrifice de l'intérêt particulier, on a préféré ne pas exagérer les tarifs nouveaux et condamner les redevables à subir les conséquences de leur erreur ou de leur négligence.

On signale encore un autre motif auquel fut attachée une très grande importance : on a voulu maintenir la stabilité dans le budget. Il eût été bien difficile de prévoir le chiffre auquel se serait élevé, durant un exercice budgétaire, le montant des restitutions accordées; il s'en serait suivi nécessairement des surprises et les divers services du budget auraient ressenti le contre-coup de la trop grande incertitude des recettes de l'enregistrement. Enfin, on a craint que la comptabilité publique qu'on organisait alors avec tant de soins, ne fût bouleversée avant qu'on ait pu essayer son fonctionnement.

A une époque plus récente, dans un arrêt de cassation du 5 février 1867 (1), M. le procureur général Delangle, justifiait encore de cette manière la rigueur de l'article 60 : « Une innovation aussi rigoureuse, dit-il, n'est pas évi- « demment le résultat du caprice ou d'une injustice « réfléchie. Elle se fonde sur l'intérêt de l'État qui com- « mandait d'assurer la stabilité des revenus publics et « d'éviter les troubles que des restitutions imprévues « pourraient occasionner dans les services du budget. « Ces nécessités politiques expliquent et justifient la rigueur de la décision ».

(1) Sirey, 67. 1. 183 et Garnier, *Répertoire de l'Enregistrement,* 7e édition, vo restitution, no 3.

Nous n'essayerons pas maintenant d'apprécier la valeur de ces motifs, ni de voir dans quelle mesure on aurait pu concilier l'intérêt général et l'équité. Nous remarquerons seulement que ce qui ressort des motifs de l'article 60, c'est le caractère tout à fait exceptionnel de ce dernier. Pour quelque raison qu'il ait agi, le législateur de l'an VII n'a pu, au point de vue juridique, justifier sa décision, et il est incontestablement sorti des règles du Droit commun. C'est surtout donc en parlant de l'article 60 qu'il est vrai de dire que les prescriptions fiscales doivent être strictement interprétées, et étant donné son caractère purement utilitaire, il faut autant que possible en restreindre l'application.

Renfermé dans la loi fondamentale des droits d'enregistrement, l'article 60 est un des principes essentiels qui les régissent; il a été créé pour eux, mais pour eux seuls; on ne pourrait s'autoriser à l'appliquer par analogie aux divers autres impôts dont l'administration a le recouvrement.

C'est ainsi qu'en matière d'impôt sur le revenu, créé par la loi du 29 juin 1872, on doit restituer les droits perçus, si un fait juridique quelconque, prouvant l'absence de dividendes, intérêts ou autres produits, annule la distribution qui a été faite aux ayants droit, et qui a servi de base à la perception. « L'article 60 de la « loi du 22 frimaire an VII, porte une solution du « 13 avril 1886 (1), est spécial aux droits d'enregistre-

---

(1) *Répertoire périodique de l'Enregistrement*, 6708. D. 88. 3. 72.

« ment dont il déclare la perception définitive, au même
« titre que la formalité donnée par l'administration. Il
« ne saurait s'appliquer à l'impôt sur le revenu provisoi-
« rement avancé par une société et dont l'inexigibilité est
« démontrée par suite d'événements ultérieurs. »

En ce qui concerne les droits de timbre, la loi du
13 brumaire an VII, comme toutes celles qui ont été
créées depuis, relativement à cet impôt, ne contient rien
de semblable à la disposition de l'article 60. Mais, argu-
mentant de ce fait clairement exposé dans les motifs de la
loi du 25 mai 1872 (1), que l'impôt du timbre, différent par
sa nature de l'impôt de l'enregistrement, est essentielle-
ment un droit de consommation du papier, l'administration refuse de restituer les droits perçus sur la vente du
papier de la débite ordinaire ou des timbres mobiles et
une d. m. f. du 24 juillet 1880 (2) a consacré la même rigueur
à l'égard des droits indûment perçus en cas de visa pour
timbre. Cette opinion ne semble pas dénuée de fondement.
Dans son article 12, titre II, la loi du 13 brumaire an VII
nous dit : « sont assujettis au droit de timbre établi en raison
« de la dimension tous les papiers à employer pour les actes
« et écritures, soit publics, soit privés » ; donc, par ce fait
même que les parties écrivent leurs conventions, elles ne
peuvent sans fraude se soustraire à l'impôt du timbre : les
événements postérieurs à la rédaction de l'acte sont ici sans

(1) Garnier, *Répertoire de l'Enregistrement*, 7e édition, t. I, p. 251,
et v° timbre, n° 398.
(2) Garnier, v° timbre, n° 406.

influence ; ils peuvent bien anéantir les effets juridiques de cet acte, mais quelle que soit son utilité ou sa valeur, l'*instrumentum* subsiste et il doit être timbré.

Quoi qu'il en soit, il faut remarquer que l'article 60 est à bon droit resté ici tout à fait étranger, mais il a été invoqué au sujet du timbre par abonnement créé en faveur des sociétés, départements, communes et autres personnes morales, par la loi du 5 juin 1850. L'article 14 de cette dernière loi, en effet, est ainsi conçu : « à défaut « de capital nominal, le droit se calculera sur le capital « réel dont la valeur sera déterminée d'après les règles « établies par les lois sur l'enregistrement ». En ce qui concerne l'évaluation des titres, l'administration a toujours admis la pleine application de la loi de frimaire et se basant en cas d'erreur d'évaluation sur l'article 60, elle décide que les droits perçus ne seront pas restitués : la loi de 1850, dit-elle, est formelle et ne distingue pas quand elle se réfère aux lois sur l'enregistrement.

Cette opinion est peut-être discutable : l'article 14 de la loi de 1850 s'occupe des perceptions et non des restitutions ; or, percevoir est justement le contraire de restituer et il semble difficile, vu le caractère exceptionnel de l'article 60, de considérer le principe de la non-restitution des droits perçus comme une conséquence inévitable de l'application par analogie des lois de l'enregistrement, à une autre nature d'impôt. Au reste, l'administration elle-même applique le droit commun en dehors du cas tout à fait spécial de détermination de valeurs. La Cour de

Cassation a fixé en ce sens sa jurisprudence, par un arrêt du 20 août 1877 (1) où l'administration, assimilant une erreur matérielle à une erreur d'évaluation, refusait de restituer à une société les droits qui avaient été perçus en trop pour la taxe d'abonnement.

L'arrêt de 1877 résume clairement la théorie de la jurisprudence sur l'interprétation de l'article 60 ; il montre avec quelle fermeté elle s'oppose à toute extension au delà de sa sphère : « Attendu, dit la Cour, qu'en principe « et dans les termes du Droit commun, quiconque a par « erreur ou sciemment reçu ce qui ne lui était pas dû, est « obligé à le restituer à celui de qui il l'a indûment reçu ; « que si, par une disposition spéciale à la matière de « l'enregistrement, l'article 60 de la loi du 22 frimaire « an VII, a dérogé à cette règle, c'est là une exception « propre à la matière en vue de laquelle elle est établie, « et qui ne saurait, sous prétexte d'analogie, être étendue « aux droits de timbre... »

Il était intéressant de remarquer que, ni le législateur de 1850, ni celui de 1872, n'ont voulu violer le principe de la restitution de l'indû. Était-ce pour ne pas s'exposer aux mêmes critiques que celui de l'an VII ; était-ce parce que les motifs de l'article 60 ne leur ont pas paru suffisamment convaincants ? Peu importe, ce qui est certain, c'est qu'en présence des nombreuses récriminations soulevées depuis un siècle, il n'y a pas à regretter qu'on ait

____

(1) S. 78, 1, 41.

omis de reproduire cette rigoureuse disposition de la loi
de frimaire, quelque importance qu'aient prise aujourd'hui
les valeurs mobilières et quelque extension qu'elles soient
encore appelées à prendre dans l'avenir.

CHAPITRE II

Tout droit régulièrement perçu, dit la loi, ne pourra être restitué, quels que soient les événements ultérieurs.

Pour que le principe de la non-restitution s'applique, il faut donc trois conditions :

1° Que le droit ait été perçu ;

2° Qu'il ait fait l'objet d'une perception régulière ;

3° Que l'énonciation des faits, produite à l'appui de la demande du redevable, se rapporte à des événements postérieurs à la perception.

§ Ier. — Le droit doit avoir été perçu.

Il est évident que pour pouvoir répéter l'indû, il faut avoir payé ; pour que la prohibition de restituer ait sa raison d'être, il faut qu'un droit ait été perçu ; grammaticalement parlant, on ne peut définir le mot restituer, sans l'appliquer à un payement réellement effectué, et la loi ajoute que pour refuser la restitution, le fait matériel de la perception doit avoir été régulier. En outre, si comme on l'enseigne, l'un des principaux motifs de l'article 60, est la nécessité de maintenir la stabilité dans le budget, il semble difficile d'admettre que, par analogie, on puisse en étendre l'application à d'autres droits que ceux déjà perçus.

Néanmoins, l'administration a prétendu qu'en vertu de l'article 60, elle pouvait exiger le payement de droits non perçus sur un acte déjà annulé même judiciairement, et ses solutions ont été admises à une certaine époque par la Cour de Cassation et quelques tribunaux.

Voici les principaux arguments qu'elle a présentés pour soutenir son opinion :

L'article 60, dit-elle, en prohibant la restitution des droits régulièrement perçus, doit nécessairement autoriser la poursuite de ceux qui n'ont pas encore été acquittés ; cette poursuite des droits encore dus, est le corollaire de la prohibition édictée par la loi de frimaire. On perçoit sans hésiter, les droits de mutation sur une donation sous seing privé, radicalement nulle en conséquence (1), et on refuse toute restitution ; ne serait-ce pas une contradiction que d'abandonner le recouvrement de l'impôt qui était exigible, au jour de la naissance d'une telle donation, par ce motif que la nullité de cette dernière a été constatée par jugement ? La valeur de l'acte n'a pas changé ; il était nul, ou plus, il n'était rien, la situation est nécessairement la

____

(1) *Cassation*, 21 décembre 1831, S. 32, 1. 182.

même, avant comme après la perception. Abandonner un droit dû, ou restituer un droit perçu, n'est-ce pas la même chose ? En un mot, abandonner un droit dû, n'est-ce pas aller à l'encontre de la pensée du législateur de l'an VII, n'est-ce pas opérer une restitution indirecte ?

Le titre VIII de la loi de frimaire qui débute par l'article 60, ajoute-t-on, est inscrit sous la rubrique « des droits acquis et des prescriptions », or, la validité ou l'invalidité des actes n'entrant pas en considération, comme nous le verrons d'après la jurisprudence administrative, pour la perception des droits d'enregistrement, par le fait même qu'un acte existe, qu'il constate une convention, l'administration qui ne peut en juger la valeur, n'a-t-elle pas un droit acquis à taxer le contrat et à établir une perception régulière en lui appliquant le tarif légal, conformément à sa nature ? Le jugement d'annulation, qui intervient postérieurement à la naissance de ce droit acquis, ne saurait compromettre les effets que ce dernier doit engendrer. En Droit fiscal, il n'y a pas de moyen terme ; toute possibilité devient une nécessité : on pouvait percevoir, donc il fallait percevoir. Si l'article 60 ne parle que des droits perçus, c'est parce que le plus souvent les restitutions ne s'appliquent qu'à eux, mais étant donnée la place qu'il occupe dans le Code de l'Enregistrement, il doit s'appliquer à tous les droits perçus ou non, du moment qu'ils sont acquis au Trésor.

Les partisans de cette doctrine invoquent encore un argument de considération pratique : s'opposer, disent-ils, à toute restitution d'un droit, quand il a été perçu, et au contraire, ne pas le percevoir quand il est dû, c'est confier la recette de l'impôt au bon vouloir du percepteur ou du contribuable ; c'est livrer en partie les ressources du Trésor à l'arbitraire d'un comptable et c'est encourager la fraude. La perception, qui pourrait seule sauvegarder la créance du fisc, dépendra du zèle ou de la négligence du receveur, de la bonne ou de la mauvaise volonté des débiteurs. J'ai fait un acte radicalement nul ; j'ai profité de la convention pendant un certain temps et j'avais, du reste, l'intention de respecter mon engagement ; puis trouvant intérêt à faire annuler mon contrat, je vais devant la justice pour en faire constater la nullité ; les délais pour l'enregistrement vont expirer ; j'attends la décision judiciaire ; on la rend nécessairement en ma faveur, et si l'administration me réclame le payement des droits auxquels la loi a tarifé mon contrat, je lui réponds qu'il est trop tard. N'y a-t-il pas là quelque apparence de fraude ?

Cette opinion est restée isolée ; elle n'a guère de partisans dans la doctrine.

Jusqu'à ces derniers temps, la Cour de Cassation avait semblé hésiter quelque peu à la repousser et on trouve, comme nous le disions, des arrêts qui lui sont favorables.

Le 24 mars 1813 (1), la Cour Suprême reconnut comme devant être taxé, un partage déjà annulé pour défaut d'authenticité.

(1) Sirey, 13. 1. 145.

Par trois arrêts des 3 mai, 27 juin 1809 et 6 juillet 1812 (1), elle considéra comme obligatoirement imposables des adjudications d'immeubles annulées par des surenchères.

Le 18 février 1829 (2), elle appliquait la même théorie à une aliénation d'immeubles rescindée pour cause de lésion.

Enfin, le 10 août 1852 (3), elle autorisa l'administration à réclamer un droit de transcription sur un testament à charge de restitution, auquel le bénéficiaire renonçait. Mais, ainsi que nous le verrons, elle a elle-même entièrement condamné cette jurisprudence et nous pensons que sa nouvelle interprétation doit être définitivement admise.

Soutenir qu'un acte dont la nullité ou l'inexistence même a été reconnue par la justice et qui est considéré obligatoirement par tout le monde comme n'ayant jamais rien produit, doive être assimilé au point de vue de l'impôt, à une convention produisant tous ses effets; est vraiment par trop fiscal. Ce n'est certainement pas l'ancien Droit qui a suggéré l'idée de prendre une détermination aussi rigoureuse : la restitution des droits perçus même régulièrement sur un acte nul était de règle, et comme conséquence, en notre matière, quand il s'agis-

(1) Sirey, 9. 1. 53. S. 9. 1. 79. S. 12. 1. 145.
(2) Sirey, 29. 1. 235.
(3) Sirey, 52. 1. 716.

sait d'un acte déjà annulé, tous les auteurs étaient d'accord à décider, qu'il ne pouvait être question de percevoir aucun impôt.

Bosquet disait (1) : « Lorsqu'un contrat est déclaré nul, « et résilié pour nullité absolue, il n'est point dû de droit « de centième denier; le droit ne sera même pas dû « pour le contrat, s'il n'a pas été acquitté ». L'article 60 autorise-t-il de renverser les anciens principes, au point de vue qui nous occupe, nous ne le croyons pas ? « N'al-« lons pas, comme dit le savant professeur Demante (2), « renchérir encore sur la sévérité de la loi. »

On comprend qu'on tire des textes des arguments spécieux pour arriver à des solutions équitables et juridiques, mais cela ne se comprend plus quand on interprète une loi d'exception aussi rigoureuse dans ses conséquences que l'est la loi de l'an VII dans son article 60 ; ce dernier sort suffisamment du Droit commun, par ses termes mêmes, sans qu'on ait besoin d'en étendre la compréhension.

Pris comme il est, strictement interprété, l'article 60, à la vérité, est, ici, une arme défensive pour le redevable. Ses termes sont très limitatifs, aussi précis et aussi clairs que le comporte une exception juridique dont le texte ne doit jamais prêter à l'équivoque; et, de ce que

(1) Bosquet, *Dictionnaire des domaines,* t. II, p. 240.
(2) Demante, *Principes de l'Enregistrement,* n° 51, p. 88. Édition de 1888.

l'article 60, s'occupe des droits perçus, il n'est pas permis d'en déduire qu'il entend parler de ceux qui ne sont pas perçus. Comment concevoir, d'ailleurs, qu'on puisse restituer ce qui n'a pas été reçu? Il peut, dit-on, y avoir des restitutions indirectes : une restitution indirecte n'est plus une restitution; c'est plutôt, dans notre cas, une impossibilité pour l'administration de percevoir un droit sur le néant.

Au surplus, les motifs d'ordre supérieur qui ont inspiré l'article 60, suffisent à déterminer le sens tout à fait limitatif que le législateur a voulu donner aux mots « droits perçus ». Nous savons que c'est dans le but d'éviter une trop grande incertitude sur l'importance des ressources budgétaires et pour ne pas amener dans la comptabilité des complications gênantes, qu'on a établi une exception au principe de la répétition de l'indû. Si le législateur autorise le Trésor à refuser de restituer un droit qu'il a encaissé, en percevant sur un acte nul, c'est à cause du fait matériel du payement : au point de vue juridique, on ne peut expliquer ce refus. Si les motifs de la loi de l'an VII ont une certaine valeur quand il s'agit de droits déjà perçus, ayant servi peut-être à des dépenses effectives, ils la perdent toute quand il s'agit de droits encore dus ; il n'y a plus alors de raison pour déroger au droit commun ; rien n'est troublé dans l'équilibre du budget, parce qu'on ne taxe pas ce qui ne devait jamais être taxé.

L'argument qui s'appuie sur l'intitulé du titre où se trouve placé l'article 60 et qui attribue, dans la circonstance un droit acquis au Trésor, ne semble pas convaincant.

Il résulte des travaux préparatoires, que l'expression « droits acquis » est synonime de celle « droits payés » et exclut les droits encore exigibles. Lors de la présentation de la loi, l'article 60 était rattaché au titre des droits dus, mais on trouva qu'il n'avait avec eux aucun rapport et on le plaça dans un titre spécial avec les prescriptions (1).

Au reste, il ne saurait y avoir de droit acquis pour l'administration sur un acte judiciairement annulé, et il ne peut naître à l'égard de ce dernier aucune idée de restitution même indirecte. Comment comprendre que l'État puisse exercer un droit sur ce qui n'a jamais existé : c'est un des principaux effets des jugements d'annulation d'agir avec effet rétroactif ; l'acte entaché de nullité et dont le vice est reconnu en justice est considéré comme étant resté dans le néant ; il n'a aucun effet juridique vis-à-vis des tiers et les prétendus droits qu'il avait fait naître sont anéantis. Dès lors, comment le Trésor défendra-t-il sa prétention d'asseoir l'impôt, s'il ne l'a déjà pu faire ? Nulle part la loi de frimaire, inspirée d'un sage esprit d'imitation de l'ancien Droit et fidèle dans la mesure du possible aux principes du Droit civil, ne nous dit que l'administration a un privilège dans notre cas et si, se refusant à restituer un droit perçu sur un acte nul, elle crée une sorte de droit de rétention au profit du Trésor, c'est,

____

(1) Garnier, v° résolution, n° 396.

comme nous l'avons vu, parce que d'importants motifs budgétaires ne permettent pas de faire sortir des caisses publiques les sommes qui y ont été versées.

Juridiquement parlant, il ne peut donc s'agir ici de droit acquis et c'est ce que la Cour de Cassation elle-même a définitivement reconnu dans un arrêt du 28 janvier 1890 (1), qui sert de base à toute la jurisprudence en la matière « attendu, dit la Cour, que si cette preuve « (de l'annulation judiciaire du contrat) est fournie, « l'obligation née au profit du Trésor public, se trouvant « anéantie à partir de l'instant même où elle avait com- « mencé, la perception ne peut plus être exigée ».

Mais, dit-on, votre théorie encourage la fraude et livre l'impôt à l'arbitraire de celui qui est chargé de le recouvrer.

Il est bien dur de considérer comme une fraude, le fait de ne pas livrer à l'administration un acte que les parties savent nul, et qu'elles vont faire anéantir par la justice. Toutes les dispositions des lois fiscales prêtent à la fraude; de tout temps on a essayé de tromper le fisc, et n'y a-t-il pas mille autres façons de le faire, que de retarder l'enregistrement d'un acte nul, pour faire constater ensuite que la convention n'a pu produire d'effets pour personne ?

Quant au préposé de l'administration, il est toujours suffisamment consciencieux et zélé pour ne pas négliger les intérêts du Trésor qui lui sont confiés; il peut lui

(1) Sirey, 90. 1. 225.

arriver de commettre des erreurs, il peut être plus ou
moins capable, mais il n'y a pas à craindre de collusions
frauduleuses avec les parties ; où en serait, dans le cas
contraire, le recouvrement de l'impôt ?

Enfin, en admettant même que sur un acte judiciairement
annulé, l'administration ait acquis un droit quelconque, et
que l'abandonner soit une sorte de restitution indirecte, il
semble que nous soyons en présence d'une restitution qui
n'est pas prohibée par la loi et qui doit être permise pour
rentrer dans le droit commun. L'article 60 nous dit que
les droits ne peuvent être restitués par suite d'événements
postérieurs à la perception. Or, étant donné que nous
sommes en matière d'exception, pour appliquer le principe
général de la répétition de l'indû, il est permis de conclure, par *a contrario*, que les événements antérieurs à la
perception peuvent motiver une restitution.

« L'article 60, écrivent Champ. et Rig. (1), prohibe la
« restitution de tout droit régulièrement perçu, quels
« que soient les événements ultérieurs ; or, établir que les
« parties ne soient pas recevables à se prévaloir contre la
« Régie, d'un événement postérieur à la perception, c'est
« reconnaître implicitement qu'elles peuvent lui opposer
« un événement antérieur. » Le jugement d'annulation
d'un acte non encore enregistré est nécessairement un
événement antérieur, et il doit produire tous ses effets.

---

(1) Championnière et Rigaud, *Traité des droits d'enregistrement*,
n⁰ˢ 259-3954.

En résumé, en affranchissant de l'impôt un acte judiciairement annulé, on se conforme à l'esprit du législateur de frimaire et on rentre dans l'application de principes aussi équitables que juridiques.

Tous les auteurs ont défendu cette opinion, et en particulier, MM. Champ. et Rig. et Dalloz (1).

On a même prétendu (2) que l'administration perdait tout droit de poursuite dès que les parties avaient intenté l'action en nullité; il suffirait que les redevables aient manifesté l'intention de ne pas donner suite à leur convention pour que la perception des droits d'enregistrement soit écartée.

La Cour de Cassation (3), alors que depuis plusieurs années déjà, elle avait, par des restrictions, laissé prévoir sa future jurisprudence, a, dans un arrêt du 28 janvier 1890, cité plus haut, définitivement donné raison à la doctrine « attendu, porte cet arrêt, qu'il résulte de là (des « termes de l'article 60) que les droits dus et les droits « perçus ne sont pas placés sur la même ligne par le « texte de la loi, puisque ce sont seulement les droits « perçus, c'est-à-dire effectivement reçus (articles 28, 29,

(1) Dalloz. *Répertoire de législation*, vᵒ enregistrement, nᵒ 208 et suivants.

(2) Garnier, vᵒ résolution, nᵒ 403.

(3) Arrêt du 23 février 1820, par lequel elle était revenue sur son interprétation antérieure, pour reconnaître qu'une adjudication d'immeubles, non encore taxée, et suivie de surenchère, ne pouvait être soumise à l'impôt. Sirey, 20. 1. 187.

« 30, 32, 37 et 56, loi 22 frimaire) dont cette disposition
« assure la fixité ».

Une délibération du 7 décembre 1832 (1) avait considéré déjà comme non imposable un jugement annulé sur appel.

Un jugement du Tribunal de Lyon du 22 novembre 1862 (2) avait décidé qu'était exempt de l'enregistrement un acte quelconque reconnu sans valeur.

Citons enfin un jugement du Tribunal de la Seine du 29 août 1877 (3), qui avait refusé tout effet, même vis-à-vis de l'administration, à une vente annulée comme contraire à l'ordre public.

Quelle est maintenant la situation d'un acte également annulé avant son enregistrement, mais autrement que par la justice ?

Il peut arriver que l'acte soit annulé pour l'avenir seulement ou que les parties reconnaissent simplement sa nullité, occasionnée par un vice inhérent à sa formation, ou que la convention tombe par suite de l'accomplissement d'une condition résolutoire expresse ou tacite. Quel que soit le cas qui se présente, ne voulant pas opérer une prétendue restitution indirecte, l'administration assimile encore ici les droits dus aux droits perçus, et prétend pouvoir taxer ces actes, bien qu'ils n'aient plus d'effets au moment de la

---

(1) Garnier, vᵒ résolution, nᵒ 413. J. E., 10501.
(2) Garnier, vᵒ résolution, nᵒ 413.
(3) Répertoire périodique de l'enregistrement, nᵒ 4822.

perception, parce qu'elle a sur eux des droits acquis dès leur naissance. Elle considère les parties comme incapables de détruire, par elles-mêmes, les effets que leurs conventions produisent à l'égard du Trésor, comme d'en constater l'anéantissement ou l'existence. M. Garnier, dans son Répertoire général, est de cet avis (1) ; pour lui, la justice est la seule autorité qui puisse garantir absolument aux tiers, la renonciation et mettre le Trésor à l'abri des collusions frauduleuses.

Après avoir admis, par argument *a contrario*, tiré de l'article 60 lui-même, que les droits déjà perçus sont seuls à l'abri de l'influence des événements ultérieurs, il nous semble difficile d'admettre complètement la doctrine de l'administration. Sans doute, l'extinction de la convention par le fait des parties et pour une cause indépendante du contrat lui-même, n'est pas un événement qui puisse anéantir les droits déjà nés ; c'est, au contraire, une nouvelle convention qui, laissant subsister dans le passé, tous les effets de l'ancienne, vient s'y ajouter, et s'il sagit d'une mutation, il y a une rétrocession passible à son tour des mêmes droits que la cession primitive.

Mais, la réalisation de la condition, de même que la constatation de la nullité du contrat, est, ici, tout comme un jugement d'annulation, un fait antérieur à la perception qui anéantit les droits acquis ou en proclame l'inexistence, et si les parties donnent la preuve de sa réalité, cet événement doit avoir pour résultat de soustraire à

(1) Garnier, v° résolution, n° 417.

l'impôt l'acte résolu ou annulé. On peut invoquer en ce sens, par argument *a contrario*, un arrêt de la Cour suprême du 14 décembre 1881 (1), où il s'agit d'une poursuite exercée par l'Administration pour le recouvrement de droits non perçus sur un acte de société nul radicalement : « la nullité alléguée, n'étant ni légalement constatée, « ni judiciairement prononcée, n'était pas opposable à « l'administration » dit la Cour. Si donc la nullité avait été légalement constatée, l'acte n'eût pas été imposable.

Dans le cas où il s'agit d'une condition résolutoire, étant donné que son effet opère rétroactivement, la Cour de Cassation devrait, semble-t-il, appliquer, par analogie, la théorie admise dans son arrêt du 28 janvier 1890. Un arrêt du 26 mars 1873 (2) portait déjà : « attendu qu'en « supposant que la condition résolutoire fût réalisée, la « perception n'en aurait pas moins été régulière, à défaut « de toute indication susceptible de faire connaître légale- « ment la résolution de l'acte soumis à la formalité » ; inversement, il était permis de conclure que si la résolution de l'acte avait été légalement prouvée, la perception n'eût pas été régulière. Mais, tout récemment, dans un arrêt du 16 mars 1898 (3), la Cour elle-même a considéré comme devant être taxée une vente résolue en justice pour défaut de payement du prix, en motivant sa décision par ce fait que « la résolution de la vente pour cause de paye-

(1) I. G. 2664. R. P. 5883. Sirey, 83. 1. 33.
(2) S. 73. 1. 225. I. G. 2468. 7.
(3) Rép. pér., 9253.

« ment du prix ne saurait être assimilée à l'annulation
« d'un contrat prononcée en justice pour cause de nullité
« radicale ».

Nous pensons néanmoins que la question n'est pas
définitivement tranchée : on ne peut attacher une trop
grande importance à l'arrêt de 1898, car non seulement,
les actes résolus seraient imposables, mais encore ceux
qui sont annulés pour cause de nullité relative et l'application de l'arrêt de 1890 se trouverait restreinte aux actes
annulés pour cause de nullité radicale, ce qui est inadmissible, rien ne s'opposant, en droit, à ce qu'avant la perception les droits du Trésor soient rétroactivement anéantis
comme ceux des tiers.

Une question intéressante et vivement controversée,
s'est soulevée à propos des résolutions volontaires qui
peuvent atteindre une convention et plus particulièrement
une mutation.

On sait que d'après l'article 68, § 1ᵉʳ, n° 40 de la loi de
frimaire, sont soumis aux droits fixes seulement, les « ré-
« siliements purs et simples faits par actes authentiques
« dans les vingt-quatre heures des actes résiliés ». Il ne
peut certainement pas s'agir de restituer les droits qui ont
été perçus sur l'acte résilié avant son résiliement, puisqu'ils ont fait l'objet d'une perception régulière, mais on
s'est demandé si le fait même de ce résiliement n'est pas
un événement antérieur à la perception capable d'exempter
du droit proportionnel l'acte qui n'a pas encore été enregistré et qui est considéré comme non avenu par acte

authentique. L'affirmative est soutenue par plusieurs auteurs et en particulier MM. Dalloz (1), Demante (2), Champ. et Rig. (3). On ne peut, disent ces auteurs, percevoir un droit de vente, de marché, d'obligation, sur une vente, un marché, une obligation qui n'existent plus. Plus de cause pour eux, plus d'effet.

M. Demante tranche facilement la difficulté. Vu les habitudes de la pratique « alimentées, dit-il, par la disposition « de la loi fiscale », il y a dans tout contrat une condition résolutoire implicite, qu'il ne sera pas résilié dans les vingt-quatre heures, et, étant donné, comme nous l'avons admis, du reste, que l'avènement de la condition qui résoud le contrat avant son enregistrement, empêche, par son effet rétroactif, toute perception, il en conclut que l'acte résilié échappe aux droits proportionnels. De plus, ajoute-t-il, *momentanea non considerantur*, et le contrat n'a pas assez duré pour produire tous ses effets.

Enfin les partisans de cette doctrine invoquent encore l'autorité de certains feudistes, comme Dumoulin, Livonnières (4), Fonmaur qui, sans être d'accord sur la longueur du temps qui doit séparer l'acte résilié de sa résolution, exemptaient du droit de centième denier, une mutation résolue peu de jours après sa naissance.

L'Administration croit ne pas devoir abandonner le

(1) No 490, vo enregistrement.
(2) Tome I, no 151 et suiv.
(3) No 354 et t. VI, no 425.
(4) Traité des lois et ventes, no 626.

droit dû sur un acte résilié même dans les vingt-quatre heures, et nous pensons qu'elle a raison. Nulle part, le Droit civil ne nous autorise à reconnaître l'existence de la condition résolutoire dont parle M. Demante, et la loi fiscale, elle-même, qui s'appuie sur la loi civile, et qui doit toujours être interprétée rigoureusement, n'ayant par aucun texte posé en la matière, une autre exception que celle de l'article 68, ne nous permet de sous-entendre ce qu'elle n'a pas exprimé.

La théorie des auteurs de l'ancien Droit était très obscure et se rattachait, du reste, à un principe beaucoup plus général, à savoir qu'un acte échappait aux droits proportionnels tant qu'il n'avait pas reçu d'exécution et produit d'effets réels. Il en est tout autrement aujourd'hui : le simple consentement des parties suffit pour parfaire un contrat, et à propos de la vente, le Code civil nous dit dans son article 1583 : « elle est parfaite entre « les parties, et la propriété est acquise de droit à l'ache- « teur, dès qu'on est convenu de la chose et du prix, « quoique la chose n'ait pas encore été livrée ni le prix « payé » (1). Pour détruire les effets d'un contrat valable, il faut un nouveau consentement des contractants qui forme une nouvelle convention inverse mais tout aussi parfaite que la première ; il faut, comme disaient nos anciens auteurs : un distrat. Que la résolution volontaire ait lieu dans les vingt-quatre heures ou après un plus long

____

(1) Voir encore l'article 1138 du C. C.

délai, elle est en droit incapable d'annuler pour le passé, les droits déjà nés du contrat qu'elle résoud ; elle ne peut agir que pour l'avenir. Nous nous trouverions obligatoirement en présence, au contraire, d'une double perception de droits proportionnels, comme nous le disions tout à l'heure, mais considérant que si les parties détruisent leur convention dans les vingt-quatre heures, on peut présumer que cette dernière n'était pas sérieuse, ou qu'il y a eu une erreur grave, la loi fiscale a décidé que le nouveau contrat serait considéré comme un acte innomé et tarifé au droit fixe. Il existe donc une disposition exceptionnelle favorable à l'acte de résiliement, mais le bénéfice qui lui est accordé ne doit pas être étendu à l'acte résilié, à moins d'un texte formel.

La Cour de Cassation a nettement approuvé cette solution dans un arrêt du 9 avril 1844 (1). Des acquéreurs prétendant que la perception avait été irrégulière, réclamaient la restitution d'un droit proportionnel perçu sur un acte d'adjudication présenté à la formalité avec l'acte de résiliement qui l'avait suivi dans les vingt-quatre heures. Les demandeurs furent déboutés de leur prétention « attendu, porte l'arrêt, que l'art. 68, n° 40 de la loi du « 22 frimaire, et l'art. 48, n° 20, de la loi du 28 avril 1816 « ont soumis à un droit fixe les résiliements purs et « simples, faits par actes authentiques dans les vingt- « quatre heures des actes résiliés, mais qu'ils n'ont pas

(1) Sirey, 44. 1. 296.

« dit que les actes résiliés ne seraient soumis qu'à un
« simple droit fixe, comme les actes qui les résilient ;
« attendu qu'aucune disposition de la loi n'affranchit
« du droit proportionnel un acte d'adjudication à raison
« de l'événement ultérieur de sa résiliation par le consen-
« tement volontaire des parties, etc... »

Pour terminer l'étude de la perception sur les actes
résolus ou annulés, on peut se demander si une contrainte
décernée par l'administration contre le redevable, ou un
jugement passé en force de chose jugée obtenu contre ce
dernier, ne mettent pas obstacle à la rétroactivité de l'annulation ou de la résolution ultérieurement prononcée.
Nous ne le croyons pas. La contrainte donne à l'administration le droit d'exercer des poursuites, mais la créance
du Trésor conserve la même qualité : elle reste annulable ou résoluble comme l'acte qui l'a motivée. Quant au
jugement, même passé en force de chose jugée et qui
valide la contrainte, il est purement déclaratif : il ne
modifie pas les conditions d'exigibilité de l'impôt et tant
que le fait matériel du payement n'a pas soumis le redevable à la rigueur de l'art. 60, rien ne peut l'empêcher de
profiter de l'effet rétroactif de la résolution ou de l'annulation de son acte.

Remarquons enfin qu'on a quelquefois prétendu pouvoir appliquer par analogie à l'impôt du timbre les conclusions de l'arrêt du 28 janvier 1890 que nous avons précédemment examiné. C'est en particulier l'opinion de M. Gar-

nier (1). L'administration a soutenu le contraire dans une solution du 14 février 1891 (2) et elle a bien fait, car, ainsi que nous l'avons dit, en étudiant la portée de l'art. 60, l'impôt du timbre diffère complètement par sa nature de celui de l'enregistrement ; ces deux sortes d'impôts sont régis par des principes différents et ce qui est jugé pour l'un doit rester étranger à l'autre.

§ II. — Il faut que la perception ait été régulière.

Nous venons de voir que l'article 60 ne s'applique qu'aux droits perçus ; cette condition du payement, absolument nécessaire selon nous, n'est pas suffisante d'après la loi elle-même : il faut que le payement soit le résultat d'une perception régulière. Les redevables ne doivent pas être victimes de l'erreur du préposé, et bien qu'ils se soient soumis sans réserve au tarif, si un préjudice leur a été causé, il faut le réparer par une restitution.

Qu'est-ce qu'une perception régulière ?

Nous ne croyons pouvoir mieux faire, pour déterminer aussi complètement et aussi exactement que possible le sens des termes de l'article 60, que d'emprunter à MM. Champ. et Rig. (3) la définition suivante : « Le droit

(1) V. résolution, n° 418.
(2) Rép. pér., 7612.
(3) Championnière et Rigaud, 2ᵉ édition. *Traité des droits d'enregistrement*, t. IV, n° 3952.

« régulièrement perçu est celui qui, au moment où la
« formalité a été donnée, était exactement déterminé par
« la véritable nature de l'acte ou de la mutation, dont la
« quotité est celle que le tarif a fixée et qui a été liquidée
« sur les valeurs réelles établies suivant la loi ; en d'autres
« termes, c'est le droit perçu dans l'observation rigou-
« reuse des règles d'exigibilité et de perception. Tout
« autre n'est pas conforme à la loi s'il y a lieu de le
« restituer. »

La Cour de Cassation donne une interprétation plus
rigoureuse. Pour elle : les perceptions sont régulières
lorsqu'il a été fait une exacte application du tarif aux
actes produits et aux déclarations des redevables. Cette
définition, résultant d'un arrêt du 7 avril 1840 (1), a
été reproduite presque textuellement dans deux arrêts
des 12 février 1850 et 10 juillet 1860 (2), et par M. le
Procureur général Delangle dans un arrêt du 5 février
1867 (3).

Devant le laconisme des expressions dont s'est servie
la Cour suprême, on peut se demander si la valeur
intrinsèque des actes n'est pas étrangère à la régularité
de la perception. Suffit-il que l'apparence d'un acte
permette de le faire rentrer dans une classification de la
loi fiscale pour qu'une perception, basée sur l'exacte

(1) S. 40. 1. 479.
(2) S. 50. 1. 396 et S. 60. 1. 905.
(3) S. 67. 1. 183.

application du tarif aux faits énoncés, soit à l'abri de toute restitution ?

Il y a, à ce sujet, deux catégories d'actes qui sont intéressants tout d'abord : ce sont les actes imparfaits et les actes nuls ; nous étudierons ensuite l'influence de la condition et de l'erreur sur la perception.

A. — Des actes imparfaits et des actes nuls.

1° Des actes imparfaits. — Il ressort des solutions de l'administration et des arrêts de la jurisprudence, qu'un acte imparfait est un commencement d'acte qui manque totalement d'un élément nécessaire à sa formation. Une vente contenant cette clause : pour un prix que les parties conviendront plus tard, ou qui est faite pour le prix qu'on en offrira, est un acte imparfait. Le contrat de vente n'est pas formé puisqu'il n'y a pas de prix. Il n'y a qu'un semblant d'acte, sans nom et sans effet possible, un simple projet qui, présenté à l'enregistrement, ne peut donner lieu qu'au droit fixe des actes innomés comme salaire de la formalité. En conséquence, la perception d'un droit proportionnel serait irrégulière et donnerait lieu à restitution. C'est l'absence de consentement qui fournit le plus souvent le motif de l'imperfection des actes : une vente qui n'est pas signée par l'une des parties ; une obligation pure et simple non encore acceptée par l'obligé ; une obligation solidaire non signée de tous les coobligés (1); autant de signes apparents de l'inexistence des conventions qui empêchent le préposé de trouver une base au tarif proportionnel. L'acte imparfait faute de signature n'a jamais eu d'existence, et la partie qui ne l'a pas signé n'est pas tenue de le faire annuler ou détruire. Mais il suffit que l'acte soit signé pour être parfait et une délibération des 26 avril, 18 mai 1839 (2) a décidé que, bien que les signatures soient fausses, aucun événement postérieur ne peut autoriser la restitution d'un droit perçu.

Quand il s'agit d'un acte sous seing privé fait en double, et avec la mention du double, du reste, on admet généralement, si les parties n'ont pas mis leur signature sur chaque original, qu'il suffit pour parfaire le contrat que les intéressés aient entre les mains le double signé de leur cocontractant. Il y a alors en effet preuve de réciprocité d'engagements qui doivent être respectés (3). Mais la perception du droit proportionnel n'est régulière que si l'acte est volontairement présenté à la formalité; à moins, dans le cas contraire, que l'administration ne prouve que la condition d'échange de signatures sur les doubles a été remplie et que chaque partie a un acte entre les mains.

Comme toutes ventes, les adjudications doivent, en

(1) Cass., 26 juillet 1832. S. 32. 1. 492.
(2) J. E. 12306. Garnier, v° restitution, n° 173.
(3) Cass., 11 novembre 1822. S. 22. 1. 152. 8 novembre 1842. S. 43. 1. 32.

général, être signées des parties; mais en ce qui concerne spécialement les adjudications judiciaires, l'art. 707 du C. proc. semble donner aux enchères une force suffisante pour rendre inutile la signature des adjudicataires (1).

Quid pour une adjudication devant un notaire commis? La question est discutée. **MM.** Champ. et Rig. (2) la comparent à une adjudication volontaire, mais un arrêt du 24 janvier 1814 (3), tout à fait explicite sur ce point, assimile complètement cet acte à une adjudication judiciaire, et, comme conséquence, une solution du 20 mars 1866 (4) exige la signature du notaire commis considéré comme faisant un acte de juridiction contentieuse.

Sont encore imparfaits les actes administratifs tant qu'ils ne sont pas revêtus de l'approbation nécessaire de l'autorité administrative : tels les adjudications, marchés de fournitures et baux des communes et établissements publics (5). C'est cette approbation qui doit donner la vie à la convention qui auparavant n'est qu'un simple projet.

Mais on ne considère pas comme imparfaits les actes solennels faits sous seings privés, tels que les donations, contrats de mariage, constitutions hypothécaires, etc... dont l'existence est pourtant subordonnée à l'authenticité :

(1) Cass., 24 janvier 1814. S. 14. 1. 518.
(2) Champ. et Rig., n° 1830.
(3) S. 14. 1. 518.
(4) Rép. pér., n° 2477.
(5) I. G., n° 2315.

l'administration n'y voit qu'une nullité radicale et les taxe comme des actes valables. M. Demante est de cet avis (1).

Tant qu'une donation n'est pas acceptée du donataire, il manque un consentement pour parfaire le contrat ; l'acceptation peut être donnée par acte postérieur et l'article 932 du C. civ. nous dit qu'alors « la donation « n'aura d'effet à l'égard du donateur, que du jour où « l'acte qui constatera cette acceptation lui aura été « notifié ». L'acte est-il parfait avant la notification dont parle la loi ? C'est un point très controversé.

Les uns trouvent dans la notification une condition résolutoire de la mutation à l'égard du donataire ; les autres, plus scrupuleux de respecter les termes de la loi qui parlent de l'absence d'effet à l'égard du donateur, y voient une condition suspensive ; d'autres, enfin, enseignent que le contrat n'existant pas pour l'une des parties, ne doit pas non plus exister pour l'autre.

Le premier système semble devoir être écarté comme ne tenant pas suffisamment compte du texte de l'article 932 ; le donateur ne peut être dépouillé de sa propriété, même conditionnellement, puisque la donation n'a pas d'effet à son égard.

Que l'on considère l'acte comme affecté d'une condition suspensive ou comme simplement imparfait, la perception du droit proportionnel doit être retardée jusqu'au moment de la notification ; mais dans le second système il faut se

____

(1) Demante, n° 50, § 5, t. 1, p. 82.

placer pour appliquer le tarif au moment de l'acceptation, dans le troisième, au contraire, c'est au moment où le donataire signifie son consentement. Par une solution du 21 mars 1872 (1), l'administration a reconnu l'irrégularité de la perception du droit proportionnel sur une acceptation, quand cette dernière n'est pas postérieurement notifiée, et a ordonné la restitution des droits payés. Elle semble donc avoir adopté le troisième système d'après lequel la notification est indispensable pour parfaire le contrat.

Notons en terminant qu'aux termes de l'I. G., 436, § 2, l'acte le plus imparfait peut donner lieu à une perception régulière des droits afférents à la nature du contrat qu'il suppose, si antérieurement à l'enregistrement, la justice en a ordonné l'exécution, ou si les parties déclarent lui faire produire ses effets.

2° *Des actes nuls.* — Parmi les nombreuses divisions des nullités, nous en retiendrons surtout une pour l'intelligence de notre sujet : celle qui distingue entre les nullités absolues et les nullités relatives.

Un acte nul peut-il faire l'objet d'une perception régulière en dehors de celle qui s'applique au droit fixe des actes innomés ?

Il semble tout d'abord qu'il faille écarter la question en ce qui concerne les cas de nullité relative, telle par

____

(1) Garnier, v° donation, n° 238.

exemple, une convention passée avec un mineur ou une femme mariée, non autorisés par le tuteur ou par le mari. La nullité relative n'empêche pas la formation même du contrat ; certaines des parties dans des délais déterminés peuvent s'en prévaloir pour refuser l'exécution de leurs engagements, mais par leur seule volonté, la convention peut aussi continuer son existence et produire tous ses effets comme un acte absolument valide.

Mais tout autre se présente la nullité absolue qui empêche complètement le contrat de se former ; ce dernier ne prend même pas naissance et il semble que l'impôt doive à jamais manquer de base ; pas de confirmation, ni de ratification ultérieure possible : c'est, comme dit Garnier, « le néant perpétuel ».

Quelle sera l'influence de cette nullité sur l'application de la loi fiscale ?

Il s'est élevé, ici encore, dans la doctrine et dans la jurisprudence, une grande controverse.

Certains auteurs, défendus, du reste, par l'administration et la Cour suprême, soutiennent que la nullité absolue d'un acte, ne doit pas entrer en considération quand il s'agit de percevoir l'impôt. Voici leurs arguments :

1° Pour établir une différence entre les actes nuls et ceux qui ne le sont pas, il faudrait se soumettre à une nécessité excessivement gênante qui est celle de constituer le receveur juge de la validité de l'acte qu'il enregistre. Or, quoique radicalement nulle, une convention offre quelquefois, souvent même, tous les caractères apparents d'un acte valable : obliger le préposé à se prononcer sur sa valeur serait lui attribuer une mission très délicate qui ne rentre pas dans son rôle. On rencontre dans la matière des nullités, les difficultés les plus ardues, embarrassant les tribunaux eux-mêmes, comment exiger que le receveur les résolve seul? Nulle part, du reste, la loi ne lui ordonne de distinguer entre un acte nul et un acte valable : il a reçu mandat de percevoir exactement l'impôt : à l'accomplissement de ce fait se limitent son devoir et son droit; que doit lui importer la validité ou l'invalidité des actes, du moment qu'ils sont suffisamment finis pour lui permettre d'établir sa perception? « Les droits, porte un arrêt de Cassation du 14 dé-« cembre 1881 (1), sont acquis au Trésor par le seul fait « de l'existence d'un acte revêtu de toutes les formalités « antérieures propres à constater la mutation; ces droits « sont dès lors exigibles sans que l'administration, qui « n'est pas juge de la validité des actes, ait à se préoc-« cuper des causes d'annulation dont ils peuvent être af-« fectés. »

2° En outre, bien que leur acte soit radicalement nul, les parties peuvent l'exécuter; il laisse subsister parfois, ajoute M. Demante (2), une obligation naturelle et cette dernière peut donner lieu à un payement quand on l'exécute. On s'appuie même sur l'ancien Droit : la possibilité

(1) Dalloz, 82. 1. 289.
(2) Demante, t. I, p. 82.

d'exécution ultérieure d'un acte considéré comme nul par la loi, avait déjà justifié l'exigibilité des droits seigneuriaux, et la plupart des feudistes admettaient la perception du droit de centième denier tant que la nullité n'avait pas été prononcée. Bosquet disait (1) : « l'acte le plus « nul peut subsister et produire son effet ». Dès lors, le receveur ne pouvant prévoir les faits postérieurs des parties et devant présumer que si elles ont voulu faire un acte, c'est pour l'exécuter, ne doit considérer que les dispositions matérielles de la convention et si elles suffisent à établir sa perception, cette dernière sera régulière quand il aura fait une exacte application du tarif.

3° Cette solution, ajoute-t-on, n'est pas contraire à l'équité ; en acquittant les droits sur un contrat nul, le contribuable ne peut s'en prendre qu'à lui-même ; il subit les conséquences d'une faute qui lui est personnelle ; c'est ce que reconnaissait M. le procureur général Delangle dans ses conclusions d'un arrêt du 5 février 1867 (2) : « La nullité de l'acte, disait-il, est imputable aux parties ; « c'est leur imprudence qui les oblige à payer des droits « pour un contrat postérieurement annulé. »

M. Demante (3) qui avait d'abord combattu cette doctrine dans son ouvrage sur *les Principes de l'Enregistrement*, s'y est rallié dans une nouvelle édition, et, comme il l'avoue,

(1) Bosquet, v° nullité, t. II, p. 334.
(2) Sirey. 67. 1. 183.
(3) Demante. t. I, p. 81. n° 50, § 4.

l'opinion presque unanime des arrêts de la Cour suprême en la matière, n'a pas été étrangère à ce changement d'avis.

Dans un arrêt du 12 mai 1870 (1), M. le procureur général Fabre paraît avoir nettement exposé le principe admis par la Cour : « J'apporte à la Régie, dit-il, un acte « contenant vente *a non domino* par un incapable sans « mention de fait double; la vente est annulable au fond « et en la forme, qu'importe? La loi taxe la vente sans « distinguer entre les ventes nulles ou valables. Mon « acte sera taxé comme vente. »

Il résulterait donc que les droits, perçus sur un acte radicalement nul, sont perçus régulièrement; qu'ils sont acquis d'une façon définitive, mis à l'abri de toute restitution par l'article 60. On a apporté néanmoins un certain tempérament à cette rigueur en admettant que lorsque la nullité est suffisamment apparente et palpable, le receveur doit s'abstenir de percevoir; mais où trouver le critérium de cette concession? Il est bien difficile de le dire.

La théorie que nous venons d'exposer a très peu de partisans dans la Doctrine. Elle ne nous semble ni suffisamment équitable, ni suffisamment juridique pour ne pas être discutée.

On ne peut contester qu'en droit, un acte radicalement nul n'a aucun effet obligatoire pour personne : c'est une ombre qui ne peut servir d'appui à aucune prétention;

____

(1) Sirey, 70. 1. 222.

peut-il, dès lors, s'agir de percevoir, et cela d'une façon régulière, sur ce qui n'étant rien ne peut rien produire? Comme le disent MM. Champ. et Rig. (1) : « C'est à « l'égard des actes nuls de plein droit, qu'il est vrai de « dire que ce qui ne produit pas d'effet légal, ne peut pas « produire d'impôts. Comment supposer que la loi frappe « d'un droit de vente ou d'obligation, ce qu'elle déclare « ne constituer ni vente, ni obligation, ni même aucune « convention quelconque, ce qu'elle défend aux juges de « pouvoir prendre en considération? Comment admettre « qu'en même temps elle considère un droit comme exis- « tant et comme non avenu, comme obligatoire et comme « non susceptible d'exécution ? Comment faire porter le « droit de titre sur ce qui ne sera jamais un titre ? »

La loi fiscale ne distinguant pas entre l'acte nul et celui qui ne l'est pas, on avance que les dispositions matérielles des actes suffisent pour motiver une perception régulière. N'est-ce pas une pétition de principe? La question est précisément de savoir s'il est possible de faire une assimilation quelconque, et de se mettre en contradiction avec les principes du Droit commun. Il faut ce semble *a priori* répondre par la négative. Comme tout impôt, celui de l'enregistrement a un but : il atteint la fortune qui se manifeste par la circulation des richesses; les personnes sont imposées parce qu'elles ont acquis, transmis, fait circuler des valeurs. En conséquence, un

____

(1) Champ. et Rig., t. I. p. 205, n° 244.

acte qui ne modifie pas la situation du patrimoine des parties ne peut être la cause d'un impôt à prélever en faveur du Trésor.

Voyons les textes maintenant. Pour réaliser le but de l'impôt, dans son article 4 la loi du 22 frimaire an VII, posant un principe, nous dit que « le droit proportionnel est « établi pour les obligations, libérations, condamnations, « collocations ou liquidations de sommes et valeurs, et « pour toute transmission de propriété, d'usufruit ou « de jouissance de biens meubles et immeubles, soit entre « vifs, soit par décès » (1), et quand elle fixe le tarif, elle l'établit d'après ses termes mêmes sur les « donations entre vifs ». Article 69, § 4, 1° par opposition aux mutations à titre gratuit par décès dont elle parle dans le 2°; sur les « adjudications, ventes, etc., et tous autres actes « translatifs de propriété ou d'usufruit », article 69, § 7, 1°.

Il faut bien se servir du droit civil pour définir ces expressions et en comprendre la valeur ; or il nous enseigne qu'une donation sous seings privés, la vente d'une succession future, par exemple, ne sont ni ce qu'il appelle donation, ni ce qu'il appelle vente; il n'y a pas de mutation dans ce cas; quel texte nous autorise, dans la loi fiscale même, à appliquer à ces sortes d'actes le droit proportionnel ? Y a-t-il un texte d'exception, qui rendant l'impôt complètement arbitraire, taxe les actes radicalement nuls? Nous n'en connaissons pas et il ne peut y en

____

(1) Voir encore les art. 15, 17, 31, etc...

avoir, à moins que le législateur ait voulu, contrairement au droit et à l'équité, asseoir un impôt sur le néant.

Pourtant, nous dit-on, un acte nul peut avoir des effets et on invoque l'ancien Droit. Outre que la question de savoir si on pouvait percevoir le droit de centième denier sur un acte nul fut très discutée, parmi les feudistes, il faut remarquer que ceux des leurs qui l'admettaient, autorisaient la restitution quand la nullité était ultérieurement prouvée; ils considéraient la perception comme provisoire, et c'est ce que nos adversaires n'admettent plus aujourd'hui. Enfin, si les parties exécutent leur convention volontairement, cela n'empêche pas celle-ci, au point de vue juridique de rester nulle. En découvrant un acte nul, l'attention du préposé sera mise en éveil; il peut présumer, sans doute, que les parties respecteront leur contrat, mais tant qu'il n'en a pas la preuve, il n'y a rien qui motive une perception.

Le gros reproche qu'on fait à notre théorie, c'est la nécessité de constituer le receveur, juge. Mais ce prétendu rôle n'est-il pas exercé par le préposé dans toutes ses opérations? Il doit déterminer le caractère des conditions, et nous verrons que la tâche est souvent difficile. Est-il encore plus embarrassant de reconnaître la forme d'une donation, d'apprécier le caractère illicite d'une convention, que de voir si un acte est imparfait? Le receveur ne doit-il pas analyser toutes les clauses d'un acte, pour en déterminer la nature et ne pas se laisser surprendre par la fausse qualification que peuvent lui avoir donnée les parties. Mais, à la vérité, de même que l'obscurité de la rédaction d'un acte peut amener le receveur à donner une interprétation erronée de l'engagement des contractants, de même il peut se faire que la nullité d'une convention, même prononcée de plein droit par la loi, soit si cachée qu'elle lui échappe. Mais quel juge, à supposer qu'on doive employer ce nom, ne se trompe pas ? Le Tribunal, au cas particulier, est là pour réparer l'erreur ; en constatant l'existence de la nullité, en déclarant l'inexistence de l'acte, le jugement postérieur à la perception viendra démontrer que le droit proportionnel ne pouvait pas être perçu régulièrement puisque, même au moment de la perception, en dehors de toute circonstance ultérieure, il n'avait pas de cause, et toutes les conditions exigées par l'article 60 ne se trouvant pas réunies, rien ne s'opposera à la répétition de l'indû.

Il est intéressant de remarquer, que dans une solution du 8 août 1862, relative à un partage anticipé, nul pour défaut de forme et trouvé dans les papiers d'un notaire, l'administration a considéré que la mutation ne devait être tarifée que si la transmission, renfermée dans l'acte, pouvait être établie conformément à l'article 12 de la loi de frimaire. A-t-elle voulu poser le principe de la différence à faire entre les actes nuls qui sont présentés volontairement à la formalité, et ceux qui ne le sont pas ? S'il en est ainsi, on s'explique difficilement la distinction ; dans les deux cas, nous sommes en présence d'une simple présomption ; cette dernière est plus forte, peut-être, quand l'un des contractants remet lui-même l'acte au préposé, mais nous sommes toujours dans le domaine de l'hypothèse.

En résumé, nous pensons, qu'en tenant compte des règles d'exigibilité de l'impôt, un acte entaché de nullité absolue, ne peut jamais donner lieu à une perception régulière et cette décision semble plus conforme à l'équité, que celle qui punit l'erreur ou l'ignorance des redevables.

Il faut reconnaître que notre théorie, qui s'appuie sur l'éminente autorité de MM. Dalloz (1) et Champ. et Rig. (2), n'est pas admise par la Cour de Cassation. Cette dernière l'avait défendue peu de temps après la promulgation de la loi de frimaire : un arrêt du 24 germinal an X, porte qu' « un acte nul et non avenu, n'a pu engendrer aucun « droit », et on trouve en ce sens deux arrêts des 14 juillet 1807 (3) et 13 avril 1815, mais elle l'a depuis constamment combattue.

B. — De l'influence de la condition sur la régularité de la perception.

1° *Des conditions impossibles, illicites et potestatives.* — Il est certaines conditions qui, par le fait même de leur existence, annulent de plein droit la convention.

(1) Dalloz, v° enregistrement, t. XXI, nos 208 et suiv.
(2) Champ. et Rig., t. I, nos 232 et suiv.
(3) Sirey, 7, 1. 374.

L'article 1172 du C. civ. nous dit : « toute condition d'une
« chose impossible, ou contraire aux bonnes mœurs, ou
« prohibée par la loi, est nulle et rend nulle la con-
« vention qui en dépend », et l'article 1174 porte également : « toute obligation est nulle lorsqu'elle a été con-
« tractée sous une condition potestative de la part de celui
« qui s'oblige ».

Sans entrer ici dans l'examen approfondi de ces conditions, ce qui nous entraînerait en dehors de notre sujet,
il faut remarquer que la loi, dans l'article 1174, n'entend
parler que de la condition purement potestative de la part
de celui qui s'oblige, et que cette dernière n'annule que les
contrats unilatéraux, d'après la grande majorité des
auteurs.

Bien que la nullité prononcée par la loi soit absolue, la
jurisprudence, appliquant ici sa théorie sur les actes nuls,
considère comme à l'abri de toute restitution, les droits
perçus malgré ces diverses modalités. On établit quelquefois une différence entre la condition impossible ou illicite
de l'article 1172 et celle purement potestative dont parle
l'article 1174 ; cette dernière, dit-on, enlève le consentem-
ment à la convention et en l'empêchant ainsi de naître,
faute de tous les éléments nécessaires à sa formation, peut
écarter la perception ; on assimile l'acte qu'elle affecte à
un acte imparfait. Cette distinction n'est pas fondée : le
consentement n'existe pas davantage quand on s'oblige à
condition de réaliser ce qui est irréalisable.

Pour nous, qui considérons tout acte entaché de nullité

absolue, comme incapable de donner naissance à aucun
droit, nous déciderons que, dans tous les cas, la perception
sur un acte affecté d'une de ces conditions est irrégulière et
qu'elle doit donner lieu, aux termes de l'article 60, à une
restitution. En ce qui concerne les conditions illicites,
tout particulièrement, quels que soient les motifs pour
lesquels on taxe un acte nul, il est difficile de les croire
assez forts, pour exiger que la loi fiscale fasse produire
un effet quelconque, à une convention que la loi civile
annule pour des motifs d'ordre public.

2° *Des conditions suspensives et résolutoires.* — Nous
allons examiner, maintenant, deux espèces de conditions
plus importantes : ce sont les conditions suspensives et
les conditions résolutoires.

Aux termes de l'article 1181 du C. civ., « l'obligation
« contractée sous une condition suspensive, est celle qui
« dépend d'un événement futur et incertain, ou d'un évé-
« nement actuellement arrivé, mais encore inconnu des
« parties. Dans le premier cas, l'obligation ne peut être
« exécutée qu'après l'événement; dans le second cas,
« l'obligation a son effet du jour où elle a été con-
« tractée ».

Tout différemment, la condition résolutoire est, d'après
l'article 1183, « celle qui, lorsqu'elle s'accomplit, opère la
« révocation de l'obligation et qui remet les choses au
« même état que si l'obligation n'avait pas existé, elle ne
« suspend point l'exécution de l'obligation..... »

a) De la condition suspensive.

Dans l'hypothèse d'une condition suspensive, en Droit romain et dans l'ancien Droit, on considérait que *pendente conditione*, le droit du créancier n'est qu'une simple espérance *ex conditionali stipulatione, tantum spes est debitum iri*, disent les *Institutes*, 1. III, t. XV, § 4.

On admet en général, aujourd'hui, que le créancier a plus qu'une espérance : il a un droit qui existe tout au moins en germe ; il peut prendre des mesures conservatoires pour sauvegarder ce droit ; il peut le céder ; il le transmet à ses héritiers, etc..., mais le contrat n'a véritablement d'existence qu'au moment de la réalisation de la condition : jusque-là il est imparfait ; c'est un simple projet dont on remet la solution au hasard ; l'engagement des parties est suspendu : il ne produit aucun résultat efficace.

La condition résolutoire, au contraire, n'est qu'une condition suspensive de la résolution du contrat et ce dernier produit tous ses effets tant qu'elle ne s'est pas réalisée.

Il y a donc entre nos deux sortes de conditions une très grande différence, et c'est en se basant sur des considérations purement civiles que l'Administration perçoit différemment sur des actes affectés de l'une ou l'autre de ces modalités. Il est admis par tout le monde, qu'un contrat dont l'existence dépend de la réalisation d'une condition suspensive ne peut être soumis qu'au droit fixe comme acte innomé.

Comment l'administration et la jurisprudence ont-elles été amenées à cette solution?

C'était une règle constante sous l'ancien régime qu' *in venditione conditionali, non incipiunt deberi laudiminia, nisi conditione exstante* (1). Le même principe était implicitement posé dans la loi des 5, 19 décembre 1790, article 2. La loi de frimaire est restée muette sur ce point. On a alors considéré, que jusqu'à l'événement, la convention faite sous condition suspensive, n'étant qu'un projet, ne peut rentrer dans l'énumération de l'article 4 de la loi de frimaire, relative aux actes soumis aux droits proportionnels, et on a tiré un argument d'analogie de l'article 68, § 3, n° 5, qui citant des actes assujettis au droit fixe porte « les testaments et tous autres actes de libé- « ralité qui ne contiennent que des dispositions soumises « à l'événement du décès, et les dispositions de même « nature qui sont faites par contrat de mariage entre les « futurs ou par d'autres personnes ».

Cette interprétation aussi équitable que juridique a été consacrée définitivement par l'administration dans une délibération du 30 décembre 1823 (2), et la jurisprudence admet d'une façon constante la restitution des droits

(1) Dumoulin, § 78, gloss., n° 40. Poquet de Livonnières, l. III, ch. 41. 4.

(2) Garnier, v° condition, n° 34.

perçus irrégulièrement sur un acte affecté d'une condition suspensive qui ne se réalise pas.

Mais il s'est élevé de nombreuses controverses à propos du caractère de la condition : il est souvent difficile, en effet, de reconnaître si cette dernière affecte l'exécution ou la résolution de l'obligation.

Parmi les nombreuses solutions données en cette matière, nous retiendrons les plus intéressantes ; l'interprétation, du reste, ne peut se guider que par le sens général du contrat et l'intention présumée des parties. En tout cas, il faut remarquer qu'il suffit à l'administration que la convention produise un semblant d'effet immédiat pour qu'elle considère la condition comme résolutoire.

Un cas relativement fréquent est celui où une vente se trouve soumise à cette condition que le propriétaire ratifiera l'acte passé en son nom : c'est, par exemple, une personne qui vend un immeuble indivis, en subordonnant la validité de la vente à la ratification ultérieure de ses copropriétaires ; il a été décidé par deux délibérations des 22 février 1826 et 12 juillet, 25 août 1836 (1), que le droit proportionnel irrégulièrement perçu, doit être restitué, si la ratification ultérieure est refusée.

Mais, en matière d'adjudication, quand il est stipulé que, malgré les effets immédiats de la vente, le vendeur se réserve le droit d'annuler les adjudications prononcées

---

(1) Garnier, v° condition, n° 44. *Journal de l'Enregistrement,* n° 8342.

avant la clôture de l'acte, il a été jugé qu'après l'enchère, la vente était parfaite, et que le défaut d'adhésion du vendeur, ne rendait pas les droits restituables (1).

De même, il a été jugé qu'une vente de biens de mineurs faite sous cette condition, qu'elle ne serait valable que si les mineurs ratifiaient à leur majorité, était passible du droit proportionnel, la condition affectant seulement la résolution du contrat (2); mais l'interprétation de ce jugement ne doit pas être suivie; la prise de possession des immeubles vendus dès le jour du contrat, n'enlève pas juridiquement le caractère suspensif de la condition.

On trouve souvent dans le cahier des charges d'une adjudication, une clause par laquelle cette dernière ne sera considérée comme valable que si, dans un délai déterminé, les droits d'enregistrement ont été déposés par les acquéreurs. La Cour de Cassation n'avait d'abord vu là qu'une condition résolutoire, et c'est encore l'avis de M. Demante (3). Mais, dans un arrêt rendu le 9 juillet 1855 (4), il a été décidé que si le dépôt n'est pas fait dans le délai fixé, les droits proportionnels ne sont pas dus. Cette nouvelle solution a une très grande importance, car

(1) Jugement du Tribunal de Dijon, 23 juillet 1855. D. N. t. XIII, p. 400.

(2) Jugement du Tribunal du Mans, 9 avril 1842. Garnier, v° condition, n° 44. J. E. 12997. 10.

(3) Demante, n°ˢ 196 et 805, t. I, p. 234 et t. II, p. 544.

(4) Sirey, 56. 1. 73.

l'administration considère comme exigibles les droits dus, bien qu'avant la perception l'acte ait été résolu (1).

En ce qui concerne les adjudications aux enchères de meubles, dans le but d'éviter la fraude, un jugement du Tribunal de Verviers, du 8 mars 1865 (2), s'est même complètement refusé à déterminer le caractère d'une condition, et bien que la vente ne dût être valable que si elle était approuvée par le conseil d'administration d'une société venderesse, il la considéra comme pure et simple. « Attendu, dit-il, qu'il importe peu, qu'il y ait eu vente « sous condition suspensive ou sous réserve d'approba- « tion du conseil d'administration du vendeur ; que ce fait « est étranger à la Régie et ne peut lui être opposé ; que « si l'on devait faire état de semblables conditions en « matière de ventes publiques aux enchères d'objets mo- « biliers, le but de la loi de pluviôse ne saurait être « atteint et que l'on ne pourrait jamais se prémunir contre « la fraude ».

Les raisons purement utilitaires qui ont motivé ce juge-ment montrent combien la jurisprudence est arbitraire quand il s'agit de perceptions établies sur des actes con-ditionnels.

L'article 1592 C. civ., nous dit en parlant du prix dans la vente : « il peut cependant être laissé à l'arbitrage d'un « tiers ; si le tiers ne veut ou ne peut faire l'estimation, il « n'y a point de vente. »

(1) V. Champ. et Rig., n° 2149. Dalloz, n° 2388. D. N., t. I, p. 544.
(2) Garnier, v° adjudication, n° 511.

L'influence de cette clause d'arbitrage, insérée dans un contrat de vente, a donné lieu, au point de vue de la perception, à quelques difficultés. Doit-on acquitter les droits d'après une évaluation requise par le receveur? Peut-on invoquer la condition suspensive mettant l'acte à l'abri du payement immédiat du droit proportionnel, et rendant ce dernier restituable si le prix n'est pas ultérieurement fixé ? Il faut distinguer :

1º Les parties ont nommé dans l'acte l'expert qui doit fixer le prix et font dépendre de la solution donnée par l'arbitre l'existence même du contrat ;

2º Les parties ont provisoirement fixé un prix, sauf à le faire déterminer ultérieurement par un ou plusieurs experts ;

3º Les parties n'ont fixé aucun prix et déclarent s'en référer à la fixation faite ultérieurement par des experts qu'elles choisiront ou feront nommer par justice.

Dans le premier cas, faute de détermination suffisante d'un des éléments essentiels, M. Naquet considère (1), avec les auteurs de l'ancien Droit, le contrat comme imparfait; l'administration et la jurisprudence se croient en présence d'une véritable condition suspensive : l'acte ne doit être soumis qu'au droit fixe, et si grâce à une évaluation provisoire le droit proportionnel a été perçu quand même, il sera restitué en entier si l'avènement de la condition fait

_____

(1) Naquet. *Traité des droits d'enregistrement*, t. I, nº 316.

complètement défaut ou en partie si le prix fixé par les experts est inférieur à l'évaluation primitive (1).

Quand, au contraire, il y a un prix approximativement déterminé dans l'acte même, l'arbitrage ultérieur des experts n'a plus qu'un rôle secondaire ; l'acte a tous les éléments de perfection voulus, pour produire ses effets, et il doit être dès lors soumis au droit proportionnel ; il n'y a plus à proprement parler de condition. Si donc, les experts attribuent à la chose vendue une valeur inférieure à celle que les parties avaient fixée, le droit, ayant été régulièrement perçu, ne devra pas, par application de l'article 60, être restitué. (Jugement du Tribunal de la Seine du 30 janvier 1885) (2).

Enfin dans le troisième cas, ou bien les parties conviennent que le prix ne peut être exclusivement fixé que par des experts nommés par elles, ou bien elles conviennent qu'à défaut d'entente, ils seront nommés par justice. La solution est différente suivant que l'on se trouve dans l'une ou l'autre de ces deux hypothèses.

Si les parties doivent s'entendre sur le choix des experts la majorité des auteurs décide qu'on est en présence d'une condition suspensive, mettant entrave à la perception du droit proportionnel jusqu'à la fixation ultérieure du prix (3).

---

(1) Délib., 25 septembre, 8 octobre 1840. J. E., 12613.

(2) Rép. pér., no 6444.

(3) Aubry et Rau, t. IV, § 349. Troplong, t. I, no 157. *Contrà* Colmet de Santerre, t. VII, no 12 *bis*, I et II. Champ. et R., t. III, no 1894.

Si, au contraire, les parties conviennent qu'à défaut d'entente sur le choix des experts, ces derniers seront nommés par justice, on considère qu'il n'y a pas condition suspensive : le prix doit nécessairement être fixé, et le receveur peut exiger une déclaration estimative de la chose vendue, lui permettant d'asseoir la perception du droit proportionnel qui ne sera jamais restitué quels que soient les événements ultérieurs ayant été tout entier régulièrement perçu.

C'est ce que la Cour de Cassation a reconnu dans un arrêt du 19 mars 1850 (1) cassant un jugement du Tribunal de Blois, qui ordonnait la restitution de droits perçus dans ces conditions, parce que la vente n'avait pas produit d'effets. « Attendu, porte l'arrêt, que le prix à « fixer ultérieurement a été laissé à l'arbitrage, non pas « de tiers dès à présent déterminés, ce qui est le cas « prévu par l'article 1592 du C. C., mais d'experts à « nommer soit par les parties, soit, à défaut de celles-ci, par « le juge de paix, ce qui donnait toute certitude à une « future détermination du prix (2).

L'article 1585 du C. civ. nous apprend que lorsqu'une vente de marchandises n'est pas faite en bloc, elle n'est parfaite qu'après le pesage, mesurage ou comptage, et l'article 1588 considère comme affectées d'une condition suspensive, les ventes faites à l'essai. Pas de doute, par conséquent, sur la seule exigibilité possible du droit fixe.

(1) Sirey, 50. 1. 289.
(2) I. G., 1857, § 18.

Mais les articles 1616 et suivants sur les ventes d'immeubles, moins explicites, sont d'une interprétation plus difficile.

Si la vente porte sur un certain nombre de mesures à prendre dans une propriété, étant donnée l'indétermination de la chose, tout le monde est, en général, d'accord à reconnaître, dans cette circonstance, le caractère éventuel de la mutation (1).

La vente peut encore porter sur un immeuble déterminé, mais à tant la mesure, avec indication ou non de contenance et de prix. Dans tous les cas, l'administration se refuse à considérer ces ventes comme conditionnelles, et elle exige immédiatement le droit de mutation ; mais, à la différence de la solution qu'elle donne pour les ventes faites simplement avec garantie de contenance, sans proportionnalité du prix à la mesure, elle autorise, ici, la restitution d'une partie des droits perçus si à la suite du mesurage le prix a été réduit (2).

Ces ventes n'étant pas soumises, aux yeux de l'administration, à une condition suspensive, il faut conclure que, par exception, on considère la perception comme provisoire, autrement cette dernière basée sur la déclaration des parties étant régulière, ne pourrait faire l'objet d'une restitution même partielle.

(1) Cass., 24 mars 1860. S. 61. 1. 778. Ch. et Rig., nᵒ 1862. Laurent, t. XXIV, nᵒ 78. Colmet de Santerre, t. VII nᵒ 7 *bis*, II et 8.

(2) Délib. des 11 juin 1833, 27 févr. 1836. Solution du 13 juillet 1862. Voir Garnier, vᵒ vente, nᵒ 210.

Pour terminer l'examen de l'influence de la condition suspensive sur la régularité de la perception, il est indispensable de parler des actes d'ouverture de crédit, qui sont aujourd'hui devenus très fréquents.

Avant 1871, ayant considéré, après beaucoup d'hésitations, du reste, qu'on ne pouvait les assimiler aux obligations de sommes visées par l'article 69, § 3, n° 3 de la loi de frimaire, l'administration les avait tarifés au droit fixe des actes innomés, comme toute convention affectée d'une condition suspensive ; le droit de 1 0/0 ne devenait exigible qu'au jour où l'obligation du crédité prend naissance par la réalisation du crédit qui lui est ouvert. La preuve de cette réalisation échappait souvent à la Régie, et le crédité profitait presque toujours de la convention sans acquitter les droits d'obligation ; on encourageait la fraude, en un mot, par la facilité indiscutable que trouvaient les emprunteurs à dissimuler un véritable prêt sous un acte d'ouverture de crédit. Pour remédier à ces inconvénients, la loi du 23 août 1871, a tarifé à un droit de 0 fr. 50 0/0 les actes d'ouverture de crédit, lors de leur présentation à la formalité, sauf à parfaire postérieurement la perception du droit de 1 0/0, s'il y a lieu.

Doit-on restituer le droit de 0 fr. 50 0/0 quand l'avènement de la condition faisant défaut, le contrat ne reçoit aucune exécution ?

L'administration s'y est toujours refusée par ce motif que le droit proportionnel est destiné à remplacer le droit fixe; qu'il fait l'objet non d'une perception provisoire, mais définitive et régulière sur laquelle les événements ultérieurs ne peuvent avoir d'effets.

Il faut reconnaître que cette décision est très rigoureuse. On arrive à faire payer des droits parfois considérables à un acte qui ne profite à personne. S'il est vrai que le nouveau droit est destiné à remplacer le droit fixe des actes innomés, il n'en a pas moins le caractère d'un impôt proportionnel. C'est pour obvier aux inconvénients de la fraude, et parce qu'il a constaté que la plupart des actes d'ouverture de crédit, se réalisaient, mais clandestinement, que le législateur a remplacé le droit fixe de 3 francs par celui de 0 fr. 50 0/0 calculé d'après les avantages que le crédité pourra retirer de sa convention. Mais, quand on prouve que l'acte n'a pas produit d'effet et n'en produira jamais, le droit proportionnel n'a plus de raison d'être, il n'y a plus à craindre que les intérêts du Trésor soient frustrés, les motifs qui ont inspiré l'innovation de la loi de 1871 font défaut, et rien ne doit s'opposer à un remboursement. C'est en se basant, du reste, sur de semblables motifs que l'administration elle-même, dans une délibération du 13 décembre 1889 (1), a admis la restitution du droit fixe gradué perçu sur les contrats de mariage non suivis d'effet.

Doit-on restituer le droit fixe quand la condition qui suspend l'exécution de l'obligation se réalisant, on perçoit les droits afférents à la nature du contrat qui prend naissance ?

(1) Rép. pér., no 7408.

L'administration se prononce pour la négative et nous pensons qu'elle a raison, malgré un arrêt de Cassation du 5 août 1840 (1) qui laisse incidemment supposer une opinion contraire.

Comme le dit M. Demante (2), « la transmission, l'obli-« gation ou la libération, future et incertaine, ne compor-« tait aucun impôt ; le droit fixe n'a pas été perçu provi-« soirement ». C'est le salaire de la formalité qui a fait l'objet d'une perception régulière et l'article 60 s'oppose à sa restitution, malgré l'effet rétroactif ultérieur de la condition. L'imputation du droit perçu sur celui qui est dû, ne serait pas plus possible, le droit proportionnel devenu exigible étant indépendant du droit fixe primitivement perçu.

b) *De la condition résolutoire.*

Ainsi que nous l'avons déjà dit, la condition résolutoire ne suspend que l'extinction de l'obligation. Que la résolution du contrat soit plus ou moins probable, cela n'empêche pas la convention de faire naître, *hic et nunc,* tous les droits qu'elle est susceptible d'engendrer ; elle a la même valeur que si elle était pure et simple et l'impôt afférent à sa nature est régulièrement perçu, quand on fait une exacte application du tarif puisqu'il est exigible.

(1) Sirey, 40. 1. 766.
(2) Demante, n° 33.

Il est certain qu'une vente résolue pour défaut de payement du prix, un partage rescindé pour cause de lésion, une donation révoquée pour ingratitude, inexécution des charges ou survenance d'enfants, n'en ont pas moins été une vente, un partage ou une donation.

Mais, indépendamment des difficultés que peut offrir l'interprétation de la volonté des contractants, ici, comme pour la condition suspensive, il est quelquefois embarrassant de déterminer le caractère que la loi elle-même a voulu attribuer à une condition.

Nous n'entrerons pas dans l'étude détaillée de la jurisprudence, mais étant donnée son importance, nous allons examiner l'effet de la surenchère sur les adjudications.

Aux termes de l'article 733 du Code de procédure : « faute par l'adjudicataire d'exécuter les clauses de l'adju-« dication, l'immeuble est vendu à sa folle enchère ».

Doit-on considérer que les effets de la vente sont suspendus jusqu'au payement du prix, ou l'enchérisseur téméraire doit-il payer les droits de mutation ? Suivant que l'on adopte l'une ou l'autre opinion, il y aura lieu, en cas de surenchère sur folle enchère, de restituer ou non les droits perçus sur la première adjudication. Dans l'ancien Droit on considérait cette condition tacite comme simplement résolutoire et, en conséquence, le premier adjudicataire ne pouvait réclamer aucune restitution, et on percevait un supplément de droit, si le prix de la deuxième adjudication était plus élevé. On décidait même, si la propriété avait été transmise par la tradition, qu'il était dû

un nouveau droit de mutation. La loi de frimaire n'a pas
admis cette dernière rigueur, articles 69 et 68, § 1, n° 8.
Mais l'administration et la jurisprudence considèrent
encore que les adjudications suivies de surenchère sur
folle enchère sont simplement résolues.

Bien que cette opinion ait été contestée, nous pensons
qu'elle doit être admise sans hésitations. La possibilité de
la surenchère ne peut pas, à moins d'un texte contraire,
s'opposer à la transmission immédiate de la propriété ; le
vendeur est dessaisi de son droit et ce dernier doit forcément reposer sur la tête de l'acquéreur.

Un arrêt du 24 novembre 1858 (1) a cassé un jugement
du tribunal de Montpellier ordonnant la restitution, au
profit d'un tiers acquéreur, des droits perçus sur un acte
de vente passé par le fol enchérisseur avant la surenchère.
L'opinion de la Cour ne pourrait se justifier si elle considérait le premier adjudicataire comme propriétaire sous
condition suspensive, car n'ayant pu transmettre plus de
droits qu'il n'en avait, la perception du droit de mutation sur la vente qu'il avait opérée, eût été irrégulière (2).

Cette interprétation, qui attribue le caractère résolutoire à la condition, s'étend, du reste, à toutes les adjudications suivies d'une surenchère quelconque. « Il est
« constant, d'après l'opinion des auteurs, et les décisions

. (1) Sirey, 59. 1. 349.
(2) Cass., 14 mars 1837. 1. G., 1539. 9. Sir., 37. 1. 420, 11 novembre 1846. 1. G., 1786. 5. Sir., 47. 1. 104, 23 avril 1849. 1. G., 1844. 13.
S. 49. 1. 447. et 19 novembre 1849. 1. G., 1857. 12. Sir., 50. 1. 62.

« de la jurisprudence, porte l'I. G., 1697, § 8, que la
« surenchère ne suspend point l'effet de la vente et que
« la seconde adjudication, faite au profit d'un tiers, est
« une condition résolutoire de la première ». Et une solution du 7 avril 1843, a décidé que si, par la qualité de
colicitant appartenant à l'acquéreur, les droits dus sur la
seconde adjudication sont moins élevés que ceux qui ont
été perçus sur la première, l'excédent qui a été payé ne
doit pas être restitué (1).

Nous avons vu que l'administration se refusait à reconnaître l'influence de l'événement de la condition résolutoire sur un droit encore dû. Elle a fait échec à ce principe, en matière d'adjudications surenchéries, dans plusieurs délibérations et en particulier dans celles des
11-26 décembre 1846, 2 mars 1848, 28 septembre 1850 et
11 décembre 1855 (2), décidant que si l'acte d'adjudication
est présenté à la formalité dans le délai légal et après la
surenchère, il n'est passible que du droit fixe (2).

De même, quand un adjudicataire décède laissant parmi
ses biens, l'immeuble susceptible d'être surenchéri, une
jurisprudence constante admet que le droit de mutations
par décès n'est pas dû sur cet immeuble; si la surenchère
se produit dans le délai légal accordé aux héritiers pour

____

(1) Cass., 10 février 1852. I. G , 1920, § 5. Sirey, 52. 1. 250. Dalloz,
nos 2414 et 2415. Ch. et Rig., suppl. no 414.

(2) Garnier, vo adjudication, no 179. Naquet, t. 1, nos 339 et 340.
Demante, no 201.

faire la déclaration de succession, à cause de l'effet rétroactif de la condition qui résoud la vente *ab initio* (1).

Il eût été vraiment injuste de faire payer des droits de mutation aux héritiers et à leur auteur, pour un immeuble dont ils sont censés n'avoir jamais eu la propriété. Cette solution qui, pour la Cour, ne peut être motivée que par le souci de l'équité, est conforme à la théorie que nous avons admise sur les actes annulés avant la perception, et doit s'étendre au cas où les héritiers auraient même laissé passer le délai pour faire leur déclaration.

C. — De l'erreur.

En Droit civil, l'erreur n'est, aux termes des articles 1109 et 1111 du C. civ., une cause de nullité des contrats que lorsqu'elle porte sur le consentement, la substance de la chose objet de la convention, ou la personne avec laquelle on veut contracter et dans ce dernier cas, faut-il encore qu'il s'agisse d'un contrat fait *intuitu personæ*.

Quelle est son influence en droit fiscal? L'erreur peut émaner du préposé ou du redevable.

Lorsque le préposé par ignorance ou par inadvertance a fait une fausse application de la loi fiscale, a mal tarifé l'acte qui lui est présenté ou la déclaration qui lui est faite, quand ses opérations de calcul sont erronées, il est

(1) Cass., 24 août 1853. Sir., 53. 1. 759. Demante, n° 194.

évident pour tout le monde que la perception étant irrégulière, doit donner lieu à restitution, et non seulement alors
la demande en remboursement des parties sera sans difficulté favorablement accueillie, mais dans la plupart des
cas, l'administration elle-même proposera spontanément
le reversement des sommes qui ont été exigées à tort.

Toute autre est la situation quand l'erreur émane du
redevable.

Sans doute, la liquidation de l'impôt appartient au préposé et à lui seul, et rien ne s'oppose à la répétition de
l'indû, même quand c'est une liquidation erronée des
parties qui a trompé le receveur, mais c'est exclusivement
le contribuable qui doit fournir les bases de la perception,
et d'après la jurisprudence administrative, quelle que soit
l'inexactitude des énonciations contenues dans les actes
ou les déclarations, l'article 60 préserve le Trésor de
toute restitution si les droits ont été bien liquidés.

Certains auteurs ont prétendu qu'on ne pouvait pas
qualifier de régulière une perception établie sur un acte
ou une déclaration erronée : attendu, porte un jugement
du tribunal de Beauvais du 30 novembre 1870, « qu'on
« peut donc soutenir à bon droit, d'une part, que le droit
« n'a pas été régulièrement perçu sur un contrat irrégu-
« lier ». Cette doctrine est enseignée par M. Whal dans
une étude parue dans la *Revue de l'Enregistrement
de 1894* (1).

______

(1) *Revue de l'Enregistrement*, année 1894, art. 632.

Pour que le principe de la non-restitution s'applique, il
faut que la perception ait été régulière ; or, on ne peut
nier, comme le dit M. Wahl, que dans le langage usuel,
« une perception faite en conformité de la loi, ne doive
« être une perception faite d'après les bases fournies par
« la loi ». Un héritier a compris à tort, dans une déclaration de succession, un bien antérieurement aliéné par le
défunt ; dans un acte de donation, les parties ont confondu
l'évaluation du revenu d'un immeuble avec celle du capital ; la perception établie sur ces dires est-elle régulière ?
Si, comme nous l'avons admis, la régularité de la perception dépend non seulement de l'exacte application du tarif,
mais encore de l'exigibilité des droits, nous ne le croyons pas.
C'est d'après la déclaration des parties, que le receveur
doit percevoir : mais, de ce que la loi de frimaire voulant
dans la mesure du possible, asseoir la perception sur la
réelle valeur des biens, sur l'exacte évaluation de la
richesse mise en circulation, a autorisé le redevable à
établir lui-même les bases de la perception, il ne faut pas
conclure qu'elle ait voulu permettre d'opposer aux parties
cette disposition édictée en leur faveur, en considérant
comme irrévocables leurs déclarations, quelque erronées
et quelque préjudiciables qu'elles fussent. Ce sont les biens
transmis par le *de cujus* qu'il faut évaluer dans une déclaration de succession, c'est le revenu qu'il faut capitaliser
pour obtenir la valeur des biens faisant l'objet d'une donation. or, dans les exemples que nous citions plus haut, le
bien n'a pas été transmis et ce n'est pas le revenu qu'on

a capitalisé. La perception a peut-être été régulière, quant à la forme, elle ne l'a certainement pas été quant au fond. Néanmoins quelque conforme que soit cette doctrine aux principes du droit et de l'équité, elle n'est pas généralement suivie dans la jurisprudence. Nous avons vu, en étudiant l'application du principe de la non-restitution, aux droits perçus sur les actes nuls, que l'administration et la Cour de Cassation n'attachaient aucune importance à la valeur intrinsèque des déclarations des parties. En matière d'erreur, elles n'ont jamais nettement établi leur opinion, et les circonstances du fait ont souvent seules motivé leurs solutions.

Guidée uniquement par un esprit de justice peu de, temps après la confection de l'article 60, la Régie, dans une délibération du 24 germinal an VII (1), restée célèbre, avait posé un principe, qu'il est regrettable de lui avoir vu abandonner plus tard. Elle avait considéré, qu'ayant de par la loi le pouvoir de prouver, postérieurement à la perception, l'insuffisance des valeurs déclarées par les parties, et d'exiger, en conséquence, un supplément de droit, il était équitable d'admettre réciproquement que les redevables puissent, à leur tour, réclamer ce qu'ils ont versé en trop, quand leur déclaration a porté l'évaluation à un chiffre manifestement erroné. Cette décision, conforme, sinon à une rigoureuse interprétation de l'article 60, du moins à l'esprit général de la loi de frimaire, avait le précieux avantage de diminuer le plus possible

____

(1) Dél. du 29 novembre 1836. J. E., 11674, février 1876.

l'esprit de fraude. Il n'est pas douteux que si les parties, en faisant leur déclaration, avaient la certitude de pouvoir se faire rembourser l'excédent d'une perception établie sur une évaluation postérieurement prouvée exagérée, elles chercheraient moins à rester en dessous de la valeur réelle, tandis qu'elles préféreront toujours, vu l'état actuel de la jurisprudence, s'exposer au payement d'un supplément de droit, dont l'administration aura, du reste, beaucoup de peine à découvrir ou à démontrer l'exigibilité.

Il fut encore décidé dans une d. m. f. du 12 avril 1808 (1) qu'on devait admettre la restitution des droits perçus sur une mutation par décès, d'immeubles reconnus avoir été à tort déclarés comme faisant partie de la succession et l'*I. G.*, 386, § 30, motive cette décision en disant que « l'article 61 de l'an VII, en « réservant à l'administration la faculté de réclamer « les suppléments de droits auxquels des perceptions « insuffisantes peuvent donner ouverture dans le délai de « deux ans, à dater de la perception, a également laissé « aux parties la liberté de se pourvoir dans le même « délai en restitution des sommes qu'elles avaient indû- « ment payées ».

Postérieurement, par une d. m. f. du 8 juillet 1813 (2), on admit le principe de la restitution dans le cas où un tribunal reconnaît avoir par erreur

----

(1) I. G., 386, § 30.
(2) Garnier, v° restitution, n° 82.

surélevé le montant de la condamnation portée dans un jugement.

Aux termes de l'article 15, n° 7, de la loi de frimaire, dans le cas où des immeubles de succession font l'objet d'un bail courant, c'est la capitalisation du prix du loyer qui sert de base à la fixation de la valeur des biens transmis. Or, il est arrivé que des héritiers ont évalué le revenu d'immeubles dont ils étaient successibles, d'après le loyer plus élevé d'un bail renouvelé par le défunt, mais non encore exécuté. Bien que la perception ait été établie exactement, d'après la déclaration des parties, dans une délibération du 24 octobre 1836 (1), l'administration l'a considérée comme irrégulière et a ordonné le reversement d'une partie des droits acquittés, se basant sur ce motif que l'article 15 était opposable à l'administration qui ne pouvait pas plus s'y soustraire que les déclarants eux-mêmes.

Les règles d'interprétation de l'article 60 ont encore reçu une application généreuse de la part de l'administration, en ce qui concerne les perceptions effectuées sur une déclaration de succession comprenant l'évaluation d'un office.

Si l'acte de cession est postérieur à la déclaration de succession, les parties ne peuvent s'en prévaloir pour faire restituer, si le prix fixé par la Chancellerie est inférieur à leur estimation ; c'est un événement ultérieur

______

(1) Garnier, v° restitution, n° 85.

prévu par l'article 60 et qu'on n'a, dit-on, aucune raison pour invoquer(1). On devrait logiquement refuser aussi la restitution quand l'acte de cession est antérieur à la déclaration de succession. C'est d'après la valeur estimative des héritiers que le receveur perçoit et rien ne les oblige à faire asseoir l'impôt sur le prix, objet de la cession ; en percevant d'après leur déclaration, l'administration a opéré une perception régulière que l'article 60 met à l'abri de toute restitution. Néanmoins, pour des raisons d'équité, considérant dans ce cas la bonne foi des redevables, les difficultés qu'ils peuvent rencontrer dans l'évaluation d'un office dont ils ignorent les ressources, l'administration autorise généralement la restitution des droits perçus sur l'excédent de valeur attribuée par les parties, lorsque la Chancellerie a réduit le prix de cession.

Cette solution s'applique également, du reste, au cas où c'est un héritier ou un légataire qui succède au titulaire de l'office ; le droit de mutation perçu sur la déclaration estimative des parties est sujet à restitution totale ou partielle (2).

Ces solutions si équitables qu'elles soient n'ont pas toujours été maintenues. Cette idée de réciprocité entre les droits du Trésor et ceux des contribuables n'est pas écrite dans la loi fiscale, dit-on ; cette dernière souvent laisse plutôt penser qu'elle la repousse ; l'exception de

(1) J. E. 14630. J. N. 13601.
(2) D. N., t. VIII, p. 799.

l'article 60 elle même en est une preuve, et on peut invoquer sa rigueur pour justifier en droit les fins de non-
recevoir opposées à toutes demandes en restitution basées
sur l'erreur des redevables. L'administration soutient
qu'elle est seule juge de l'opportunité de ces demandes, et
c'est ce qu'elle a nettement exprimé à plusieurs reprises,
voulant faire remarquer qu'elle n'est liée par aucun texte
en la matière et que les solutions rapportées ci-devant ont
été exclusivement le résultat de son bon vouloir. « En
« provoquant cette décision (12 avril 1808), porte l'I. G.,
« 2664, § 3, l'administration n'a eu ni la volonté, ni
« même le pouvoir d'abroger la disposition précise et
« absolue de l'article 60 », et cette appréciation avait déjà
été consacrée dans l'I. G., 1862, qui se réfère à une d.
m. f. du 29 mai 1850 (1).

Ce n'est pas à dire, néanmoins, qu'on ait abandonné
complètement les anciennes solutions, mais d'une façon
générale, on peut dire qu'aujourd'hui l'erreur n'est
une cause de restitution, pour l'administration, que si elle
est tout à fait manifeste et grossière.

Ainsi, dans une donation d'immeubles, les parties ayant
confondu le revenu avec le capital, pour établir la valeur
desdits immeubles, une solution du 1er décembre 1875 (2)
a admis la restitution partielle des droits perçus.

<hr>

(1) Cass., 11 juillet 1853. S. 53. 1. 541. 24 avril 1861. S. 61. 1. 645.
Jug. du Trib. de Bourgoin, du 9 août 1890. R. P., 7509.
(2) Garnier. v° restitution, n° 78.

On trouve la même décision dans des solutions de janvier 1873, avril 1879 et mai 1886, pour des ventes qui avaient donné lieu, dans l'énonciation du prix, à une erreur matérielle nettement établie (1).

Mais deux solutions des 1er fév. 1873 et 3 fév. 1874 (2) revenant sur la d. m. f. prise le 8 juillet 1813, ont refusé de restituer les droits perçus en trop sur le montant d'une condamnation reconnue exagérée par la justice elle-même. C'est en supposant un refus semblable de restitution que M. Demante écrit : « C'est l'application la plus sévère du principe de « l'article 60, puisqu'elle fait peser sur le justiciable, l'er- « reur du premier juge » (3).

Du reste, l'appréciation des effets de l'erreur sur la régularité de la perception, dépendant, comme nous l'avons dit, de l'arbitraire de l'administration, il ne faut pas s'étonner de trouver les solutions les plus contradictoires malgré l'analogie des causes, et il est impossible d'établir des règles générales. Tout ce que l'on peut dire, c'est que l'administration a une grande tendance à se montrer plus généreuse quand il s'agit d'erreurs faites dans des déclarations de successions que dans toute autre circonstance.

En matière d'erreur sur la personne, par exemple, une solution du 26 décembre 1873 (4) a admis une restitution dans un cas où, par erreur, les parties avaient omis d'in-

(1) Garnier, vᵒ restitution, nᵒ 90.
(2) Garnier, vᵒ restitution, nᵒ 83.
(3) Demante, nᵒ 564.
(4) Garnier, vᵒ restitution, nᵒ 94.

diquer dans une donation taxée au tarif des mutations entre étrangers, le degré de parenté du donataire vis-à-vis du donateur, postérieurement établi.

Mais une autre fois où il était prouvé après la perception qu'une donation avait, par erreur, été faite à un époux au lieu de son conjoint, la restitution a été refusée. — Délibération du 29 novembre 1836 (1).

Lorsque l'erreur porte sur la chose, l'interprétation de la jurisprudence administrative n'est pas plus stable. Dans une évaluation de biens donnés par acte entre vifs, les parties ayant compris le revenu de biens antérieurement aliénés, malgré l'absence de mutation pour ces derniers, l'administration n'a pas accueilli la demande en restitution faite par le donataire. — Jugement du Tribunal d'Auch du 19 décembre 1855 (2).

Bien que le même immeuble soit donné deux fois, mais à deux personnes différentes, le droit perçu sur la deuxième mutation n'est pas restituable ; mais respectant la règle *non bis in idem* posée dans l'avis du Conseil d'État du 10 septembre 1808, l'administration restitue les droits perçus sur un acte de donation ayant pour objet des biens déjà transmis au même donataire par un acte antérieur dont l'existence est établie (3).

(1) J. E., 11674, février 1876. Garnier, vᵒ restitution, nᵒ 93.
(2) J. E., 16192. J. N. 15727.
(3) Voir en matière de vente pour un objet vendu deux fois : dél., 2 juillet 1817, 17 novembre 1819. 20 octobre 1824. J. E., 5804-6371, J. N., 4925. Cass., 2 février 1809. S. 9, 1. 14.

Une solution du 3 février 1874 (1) porte incidemment
« l'erreur de fait n'a jamais été admise comme cause de
« restitution qu'en matière de déclaration de succession,
« par le motif, sans doute, que les héritiers qui font ces
« déclarations peuvent ne pas connaître exactement la
« consistance d'une fortune à laquelle ils étaient jusque-là
« demeurés étrangers ». Cependant, si l'administration,
comme nous le disions plus haut, a peut-être quelque
tendance à attacher plus d'importance à l'erreur commise
dans une déclaration de succession, il s'en faut de beaucoup qu'elle ait admis le principe de la restitution.

Une délibération du 25 juin 1835 (2) a refusé de restituer le droit de mutation perçu sur des meubles qu'un
légataire universel avait postérieurement prouvé lui avoir
été vendus par le défunt.

Un arrêt de cassation du 1er décembre 1835 (3) a également méconnu la valeur d'actes postérieurs à une déclaration de succession, prouvant que des immeubles avaient
été à tort déclarés comme appartenant au défunt. L'I. G.,
1513. § 4, laisse entendre que ce refus n'était motivé que
par cette considération que les actes prouvant l'absence
de propriété à l'égard du défunt, étaient postérieurs à la
déclaration, mais un arrêt de cassation du 13 décembre 1881 (4), rendu sur le pourvoi de l'administration,

---

(1) Garnier, vo restitution, no 83.
(2) J. E., 11229.
(3) I. G., no 1513, § 4. D. 36. 1. 68.
(4) Dalloz, 82. 1. 228.

n'a pas été plus indulgent pour une erreur établie d'après des actes antérieurs au décès (1).

En résumé, de l'examen que nous venons de faire de la jurisprudence fiscale, nous tirerons cette conclusion, que l'erreur ne vicie pas la perception au point de la rendre irrégulière et que c'est uniquement par des considérations d'équité que l'administration lui a parfois reconnu quelque influence.

§ III. — Il faut que l'énonciation des faits invoqués à l'appui de la demande du redevable, se rapporte à des événements ultérieurs à la perception.

En ajoutant au texte de l'article 60, ces mots « quels que soient les événements ultérieurs » le législateur de l'an VII a déterminé les circonstances capables de motiver l'échec fait au principe de la répétition de l'indû. Or, comme nous le disions en commençant notre étude, nous analysons un texte tout à fait exceptionnel et il faut donner à ses expressions leur véritable sens et les limiter à leur juste compréhension.

En l'opposant à toute circonstance antérieure, et c'est l'article 60 lui-même qui nous autorise à faire cette antithèse, l'événement ultérieur est ici : un fait dépendant ou non de la volonté des parties, qui, s'il se fût produit en temps utile, eût écarté la perception ou l'eût tout au moins

______

(1) I. G., 2664. 3. J. E., 22667. Sol., 19 février 1886.

modifiée en faveur du redevable. Ainsi un jugement qui prononce la nullité relative d'une convention, ou l'avènement d'une condition résolutoire, postérieurs à la perception, sont sans influence, malgré leur effet rétroactif, puisque la particularité de l'événement probable n'entre pas en considération lors de l'établissement de l'impôt. Mais si ces faits étaient antérieurs à la perception, il faut conclure par *a contrario* du texte même de l'article 60 qu'ils produiraient tous leurs effets. Pour nous, qui avons admis que, dans tous les cas, une perception n'est régulière que lorsqu'elle porte sur un droit véritablement existant, l'admission de la restitution ne peut faire de doute si on a perçu l'impôt sur un acte annulé ou résolu, mais en admettant même qu'un acte doive être taxé par le fait de son existence matérielle, en tant qu'instrumentum on ne peut méconnaître l'influence d'un événement qui s'est produit avant la perception, puisque l'article 60 ne le défend pas et qu'il s'agit de rentrer dans l'application du Droit commun. Comme nous l'avons vu, cette conséquence a du reste été définitivement admise, par la jurisprudence de la Cour suprême, dans un arrêt du 28 janvier 1890 pour les actes judiciairement annulés, et nous avons pensé qu'il fallait attacher la même importance à l'avènement de la condition résolutoire.

Il ne serait pas exact néanmoins, de croire que tous les événements antérieurs soient de nature à influer sur la perception ; en ce qui concerne l'annulation des actes, il faut, par application des règles du Droit civil, distinguer suivant qu'ils agissent ou non avec effet rétroactif. Quand une convention est censée n'avoir jamais eu d'existence, il est impossible, à moins d'un texte formel, de soutenir que la loi fiscale veuille la soumettre à l'impôt ; mais on ne saurait attribuer la même influence à une résolution volontaire, qui, ainsi que nous l'avons déjà vu, ne supprime les effets de la convention que pour l'avenir et est incapable d'anéantir rétroactivement les droits déjà acquis aux tiers. Nous avons fait cette remarque en étudiant les effets de l'annulation d'un acte sur l'exigibilité des droits proportionnels non perçus.

Le fait antérieur peut consister dans l'erreur du redevable ; une même mutation ne pouvant être tarifée qu'une fois, une solution de mai 1877 (1). a admis que lorsqu'un preneur et un bailleur font enregistrer deux fois leur bail, le droit faisant l'objet de la seconde perception est restituable.

Au lieu d'écarter complètement la possibilité d'une perception, l'événement antérieur peut simplement la modifier. C'est ainsi qu'il a été jugé maintes fois par la Cour de Cassation (2), que la perception établie sur un acte de licitation n'est régulière que si l'on tient compte du partage postérieur et définitif passé entre les cohéritiers, si toutefois ce partage est fait dans le délai légal accordé

(1) Garnier, vo bail, no 69.
(2) Cass., 30 janvier 1839. S. 39. 1. 104, 31 janvier 1860. S. 60. 1. 811. I. G., 2042, § 5, 12 mai 1870. S. 70. 1. 219. I. G., 2403, 22 juillet 1872. S. 72. 1. 218, I. G., 2456. 4.

aux parties pour faire enregistrer leur licitation. Bien que cette dernière restriction semble avoir été nettement imposée par l'I. G., 1634, § 4, *in fine*, elle est peut-être discutable. Une d. m. f. du 21 décembre 1829, avait admis le bien fondé d'une demande en restitution faite dans les deux ans, quand le partage était postérieur même à la perception ; nous pensons que l'article 60 s'opposait à une telle bienveillance, mais du moment que les droits n'ont pas encore été versés, il n'y a pas de motif pour sortir des règles du Droit commun et méconnaître l'effet déclaratif du partage.

Deux délibérations des 22 mars (1) et 16 mai 1842 (2) ont encore considéré que lorsqu'un héritier bénéficiaire adjudicataire d'immeubles de la succession, accepte cette dernière purement et simplement avant l'enregistrement de l'acte d'adjudication, le droit de transcription n'est pas exigible.

Pour l'administration même, les événements antérieurs peuvent donc avoir de l'influence sur la perception. Mais on a prétendu que celle-ci serait quand même régulière, si le préposé n'en tenait pas compte, faute par les parties de lui en avoir mentionné l'existence, et on invoque un arrêt de cassation déjà cité, du 26 mars 1873, qui porte : « attendu qu'en supposant que la condition résolutoire « fût réalisée, la perception n'en avait pas moins été

____

(1) J. N., nᵒ 11286.
(2) D. N., t. II, p. 469.

« régulière, à défaut 'de toute indication susceptible de
« faire connaître légalement la résolution de l'acte soumis
« à la formalité ».

Nous pensons que cette exigence n'est pas fondée. Au
point de vue juridique, l'événement a la même influence
sur la régularité de la perception que les parties omettent
ou non de le déclarer. Dans tous les cas, il garde sa qualité d'antériorité sur la perception, et si on admet qu'il
puisse être invoqué en faveur du redevable, il faut que
cette opinion soit aussi générale dans son acceptation que
lui permet de l'être l'article 60 sur lequel elle s'appuie.
Du reste, le redevable lui-même peut ignorer l'existence
de l'événement, et il serait injuste de lui faire supporter
définitivement des droits peut-être très élevés, pour un
acte dont il ne pourra jamais ultérieurement retirer aucun
avantage, surtout quand on considère qu'il peut se prévaloir de la loi elle-même pour éviter cette fâcheuse conséquence. Mais, bien entendu, *fraus omnia corrompit*,
et l'administration aurait toujours le droit d'exiger l'impôt, en prouvant que le prétendu fait antérieur à la
perception est tout au contraire postérieur au versement
des droits.

Dans une délibération du 2 octobre 1846 (1), l'administration elle-même, reconnaissant la préexistence du fait, a
admis la restitution des droits de mutation versés par un
héritier présomptif, qui, postérieurement à la déclaration

____

(1) Garnier, v° restitution, n° 232. J. E., 14116.

de succession et dans le délai de deux ans, avait décou-
vert un testament le dépouillant complètement des biens
héréditaires (1).

D'un autre côté, des conditions exigées par l'article 60
pour l'application du principe de la non-restitution, il résulte que tous les événements ultérieurs ne sont pas sans influence. Ils doivent motiver le reversement des droits aux
parties s'ils viennent prouver que ces droits n'ont pas été
régulièrement perçus.

En particulier, nous avons admis, malgré la jurisprudence contraire, qu'un acte nul radicalement ne devait
donner naissance à aucun impôt ; si néanmoins le préposé
a considéré la convention comme valable, et l'a tarifée en
conséquence, le jugement postérieur, constatant la nullité
absolue du contrat, devra motiver la restitution des droits
perçus.

Certains auteurs ont été plus loin et ont adopté cette
solution, tout en considérant la perception sur un acte
nul de nullité radicale comme régulière. Ainsi que le
porte l'avis du Conseil d'État du 22 octobre 1808, disent-
ils, le législateur de l'article 60 n'a eu que l'intention
« d'empêcher l'annulation des actes par des collusions
« frauduleuses », or, la question de fraude ne peut se
poser quand le tribunal constate simplement l'inexistence
d'une convention ; la loi de frimaire a elle-même exempté

(1) J. E., 14416, 30 avril 1825 et 18 août 1826. D. N., t. II, p. 450,
n° 217.

du droit proportionnel les jugements qui prononcent la
nullité radicale d'un acte. A aucun moment, la convention
n'ayant pu produire d'effet, le jugement ne change rien,
dans la situation respective des parties ; il constate simplement un état de choses préexistant et ne doit pas être
regardé comme un événement postérieur à la perception
dans le sens de l'article 60. Du reste, ajoute-on, les redevables, aux termes de l'article 28 de la loi de frimaire, ne
peuvent s'opposer au payement immédiat des droits quels
que soient les motifs qui leur semblent devoir écarter la
perception, « sauf à se pourvoir en restitution, s'il y a
« lieu » ; l'acte nul doit donc être provisoirement taxé et
si les termes de l'article 60 étaient absolus, il en résulterait, dit M. Laferrière (1), dans son Cours de droit public et administratif que « toute perception réclamée
« d'abord comme provisoire serait définitive, ce qui est
« impossible. » Mais, tout en admettant les conséquences
de ce système, nous ne croyons pas devoir en accepter
la théorie. Le texte de l'article 60 est précis « quels que
« soient les événements ultérieurs », porte t-il ; pour admettre qu'il a voulu distinguer, on crée arbitrairement des
perceptions provisoires ; c'est une pétition de principe ; il
faudrait prouver qu'on peut considérer certains droits
comme provisoirement perçus quand la perception a été
régulière, et le principe de la non-restitution étant conçu

____

(1) Laferrière, *Cours de droit public et administratif*, 5e édition,
t. II, p. 144.

en termes formels et impératifs, le législateur seul peut lui apporter des tempéraments.

L'influence de l'événement ultérieur peut se manifester de façons très diverses.

Il peut être invoqué par les redevables pour échapper aux conséquences d'une insuffisance de perception donnant lieu à l'exigibilité d'un supplément de droit; une délibération (1) des 7 avril, 19 mai 1843 a décidé que si par erreur on a perçu le droit de 4 0/0 au lieu de celui de 5 0/0 sur une adjudication au profit d'un étranger, la venue postérieure et avant toute réclamation, d'une surenchère faite par un colicitant, nouvel adjudicataire, écarte la possibilité de rectifier la première perception. Encore, une solution du 27 mars 1878 (2), a admis que si le receveur a fait une erreur de perception en omettant d'exiger le droit proportionnel sur le montant des soultes d'un partage testamentaire, il n'y a pas lieu de réclamer de supplément de droit, si les héritiers font postérieurement un nouveau partage supprimant l'inégalité des lots (3).

L'administration a parfois même admis qu'un événement ultérieur peut motiver une restitution bien que la perception ait été régulière.

Plusieurs solutions et entre autres celles des 6 octobre 1871, 13 novembre 1872, 28 décembre 1875 et 11 juin

(1) I. G., 1697, § 8.

(2) Garnier, v° partage d'ascendant, n° 252.

(3) Voir également les solutions des 26 février et 24 septembre 1859, 20 mai 1878, 15 janvier 1883. Garnier, v° part. d'asc., n° 252.

1877 (1), ont admis l'imputation des droits payés par des héritiers dépossédés, sur ceux encore dus par d'autres appelés à succéder à leur place et le 18 août 1877 (2), une solution analogue a été rendue dans le cas d'un legs postérieurement annulé et revenant aux héritiers.

Ces décisions s'expliquent sans doute parce qu'on se trouvait en matière de succession; on ne peut, vu leur caractère d'équité, que les approuver hautement, mais elles ne sont peut-être pas très logiques : l'administration a donné comme motif de son opinion qu'on ne pouvait percevoir deux mêmes droits de mutation pour un seul décès ; mais la loi fiscale ne mentionne nulle part cette prohibition et on ne comprend pas plus ici l'arbitraire que lorsqu'il s'agit de la restitution des droits perçus sur une vente ou une donation faisant l'objet d'un bien déjà vendu ou donné à une autre personne que l'acheteur ou le donataire; or, nous avons vu que la jurisprudence fiscale n'admettait pas alors que les droits, perçus sur la seconde vente ou la seconde donation, puissent être restitués.

Bien plus, dans une délibération du 4 mai 1830 (3), on avait autorisé que les droits payés par un légataire évincé des biens de la succession fussent restitués parce que, postérieurement à la déclaration de cette succession, le testa-

---

(1) Garnier, v° restitution, n° 233.
(2) Garnier, v° restitution, n° 233.
(3) Sirey, 31. 2. 210.

ment avait été annulé. Mais cette doctrine est complètement abandonnée aujourd'hui et, en Droit, on ne saurait le regretter (1).

Les parties ne peuvent se prévaloir de leurs réserves faites lors de l'enregistrement d'un acte ou d'une déclaration et profiter dans ces conditions d'un événement ultérieur prévu, pour exiger la restitution de tout ou partie des droits qu'elles ont volontairement payés. Comme tous les textes de la loi fiscale, l'article 60 doit être forcément appliqué, et les parties ne peuvent s'y soustraire par leur propre volonté. Nous considérerons donc comme mal fondé un jugement du Tribunal de la Seine, du 8 mai 1858 (2), qui ordonna la restitution de droits perçus après décès, sur des valeurs déclarées étrangères par des héritiers qui prétendirent postérieurement que la succession était régie par la loi étrangère; en admettant, comme l'a fait le tribunal, qu'on devait voir dans la circonstance une réserve implicite de demander le remboursement des droits perçus s'il était reconnu que la succession ne fût pas régie par la loi française, et que cette réserve devait justifier la demande en restitution des héritiers, on a violé les principes les plus élémentaires du Droit fiscal.

Mais si la volonté des parties est impuissante à les soustraire à l'application de l'article 60, il faut réciproque-

____

(1) Voir arrêts de Cass. des 11 mars 1840. Sir, 40. 1. 325, 7 avril 1840. Sir., 40. 1. 479, 1er juillet 1840. S., 40. 1. 588, 6 août 1849. S., 49. 1. 568. 1. G., 1814, § 14.

(2) Rép. pér., 1004.

ment que l'administration ne puisse pas non plus s'opposer à une restitution sous prétexte que les redevables auraient payé sans protestation, le montant des droits qui leur ont été réclamés (1).

Notons enfin pour terminer que si, en principe, l'événement ultérieur n'a aucune influence sur une perception régulière, il peut, au contraire, faire obstacle à une restitution qui sans lui eût été accordée. Ainsi les droits perçus sur une convention soumise à une condition suspensive et taxée comme pure et simple sont définitivement acquis au Trésor si la restitution n'a pas été demandée, avant la réalisation de la condition. Un arrêt de Cass. du 29 avril 1844 (2) a décidé que le droit d'obligation perçu à tort sur un acte d'ouverture de crédit, n'est plus restituable quand le crédit s'est réalisé.

(1) Cass. Belge, 2 décembre 1835. Dalloz, nᵒ 5385.
(2) Sir., 44. 1. 545.

CHAPITRE III

Nous avons vu que pour être régulièrement perçu, un droit doit être exigible et qu'en particulier l'existence d'une condition suspensive écarte, jusqu'à la réalisation de l'événement, l'exigibilité des droits proportionnels.

Néanmoins, l'administration a pris, dans certains cas, l'habitude d'exiger immédiatement les droits dont elle n'a encore que l'expectative : elle établit alors ce qu'on peut appeler une perception provisoire, c'est-à-dire celle que fait le préposé quand il perçoit sciemment et irrégulièrement des droits qui seront restitués, si les événements ultérieurs ne les rendent pas définitivement exigibles. C'est une perception soumise à une condition résolutoire. Il ne faut pourtant pas la confondre, comme nous le verrons, avec celle dont la loi autorise exceptionnellement la restitution, par suite d'événements ultérieurs. C'est alors une véritable exception au principe posé dans l'article 60, tandis que la restitution qui suit la perception provisoire, n'en n'est qu'une juste application. C'est surtout à l'occasion des contrats de mariage que la perception provisoire est intéressante.

De tous temps, en Droit romain, comme dans notre ancien Droit, ces contrats ont été considérés comme faits *propter nuptias :* leurs effets sont suspendus jusqu'à la célébration du mariage et jusque-là aussi, pour obéir aux règles de la législation fiscale, il eût fallu simplement les tarifer au droit fixe. Mais considérant que la défaillance de la condition ne se présente que très rarement et qu'ainsi, il est inutile d'obliger l'administration à exercer une surveillance continue pour pouvoir prouver l'exécution du contrat, on a décidé (1) de regarder ce dernier comme parfait dès sa passation, en faisant abstraction de la condition suspensive dont il est affecté. Il n'en est pas moins vrai, cependant, qu'une perception ainsi établie est tout à fait irrégulière et qu'elle ne peut être que provisoire, c'est-à-dire sujette à restitution, si la condition supensive ne se réalise pas. C'est ce qu'ont reconnu expressément une d. m. f. du 5 juin 1808 et une dél. du 12 janvier 1836 (2).

Dans quelles circonstances la restitution des droits provisoirement perçus sera-t-elle autorisée?

Il n'y a pas de doute, quand le mariage, cause de la convention, ne se réalise pas : la preuve de ce fait peut se manifester très différemment et il suffit à l'administration

(1) D. m. f. du 5 juin 1808. I. G., n° 286, § 29 et délibération du 12 janvier 1836. J. E., 11422. Garnier, v° cont. de m., n° 205.
(2) J. E., 11422. 1.

de l'avoir en sa possession : l'un des futurs, par exemple,
meurt avant la célébration ou se marie avec une autre
personne que son cocontractant, ou bien fait signifier
extra-judiciairement que le projet de mariage est définitivement rompu, etc... Toutefois, il a été jugé qu'un
certificat délivré par le maire d'une commune ne serait
pas suffisamment probant, les futurs pouvant se marier
plus tard ou dans une autre localité (1).

Mais le défaut de célébration du mariage n'est pas le
seul cas qui doive nous occuper. Il faut admettre que la
restitution totale ou partielle est encore due quand les parties résilient ou modifient le contrat avant l'arrivée de la
condition qui vient fixer définitivement les droits du Trésor. Il ne faut pas oublier que la perception ne devait être
effectuée qu'après la célébration du mariage, or, les parties auraient pu invoquer un événement antérieur à cette
perception, qui du reste n'atteint aucun droit déjà né, pour
l'écarter ou la modifier : on ne peut les faire souffrir de la
bonne volonté qu'elles ont montrée en acquittant provisoirement l'impôt (2).

On a beaucoup discuté sur la question de savoir quelle
forme doivent affecter les actes de résiliement ou les actes
modificatifs des contrats de mariage.

Lorsque l'acte de résiliement est la conséquence des

(1) Dél. du 8 septembre 1832. J. E., 10419.
(2) Dél. du 3 octobre 1837. D. N., t. IV, p. 60, n° 444. Sol. des
23 juillet 1855, 9 octobre et 22 février 1866. D. N., t. IV, p. 59, n° 439.

faits qui mettent obstacle à la possibilité du mariage, l'administration n'a jamais opposé de difficultés pour le recevoir tel que les parties le présentent ; mais quand il s'agit d'une véritable résiliation du contrat ou d'une modification, elle s'est montrée longtemps plus difficile. Elle a prétendu pouvoir comme les tiers se prévaloir des articles 1396 et 1397 du C. civ. et exiger que l'acte d'annulation ou de changement ait été passé dans la même forme que le contrat lui-même et écrit à sa suite ; elle refusait alors d'accepter un sous-seing privé (1). Mais cette opinion semble aujourd'hui avoir été abandonnée avec raison (2). Les précautions requises par le Code ont été édictées en faveur des tiers que les parties auraient pu induire en erreur par des changements clandestins et il est évident que ce danger n'existe pas pour l'administration.

L'article 1396 du C. civ. exige, en outre, pour que le changement soit valable, « la présence et le consentement « simultané de toutes les personnes qui ont été parties « dans le contrat de mariage ».

Ici encore, la jurisprudence administrative avait d'abord exigé l'application rigoureuse de ce texte (3) On fit alors remarquer que l'administration n'avait pas le droit de percevoir avant la réalisation du mariage, qu'en toute équité elle devrait faire la preuve de l'exécution du contrat

(1) Dél. du 24 septembre 1812. D. N., t. IV, p. 59, n° 438.
(2) Dél. du 12 janvier 1844. J. E., 9474 et 13476.
(3) Sol. du 5 septembre 1832, 14 septembre 1832. J. E., 10454.

pour justifier sa perception et que, dans ces conditions, elle ne pouvait pas se montrer trop difficile à admettre les déclarations des parties, sauf à établir plus tard que le contrat primitif a été exécuté (1).

Quand, par suite de la non-célébration du mariage ou du résiliement, le contrat reste sans effet, les dispositions qui y sont contenues et en dépendent, lorsqu'elles ont été tarifées, doivent également donner lieu à restitution (2), il en serait de même des droits perçus sur les changements opérés en conformité des articles 1396 et 1397 C. civ. (3).

Mais il n'y a plus de restitution possible quand le mariage a été célébré. En effet, la condition suspensive est alors réalisée et tous les faits qui se produisent à partir de cette époque sont des événements postérieurs à une perception définitive dans le sens de l'article 60. L'administration, du reste, n'attache aucune importance à la nullité dont peut être entaché l'acte de mariage ; il lui suffit que les futurs se soient présentés devant l'officier de l'état civil et qu'ils se soient réciproquement acceptés comme époux pour que la perception devienne rétroactivement régulière. C'est, du moins, ce qui semble résulter d'un arrêt de cassation du 25 mai 1841 (4).

---

(1) Sol. du 30 juin 1853, 27 août 1855, 29 octobre 1866. Garnier, v° cont. de m., n° 212.

(2) Sol. des 13 avril et 22 juin 1872. Garnier, v° cont. de m., n° 219.

(3) Solution du 26 août 1839. Garnier, v° cont. de m., n° 213.

(4) J. N., 11005. J. E., 12701. I. G., 1661. § 11. Sir., 41. 1. 525.

Il est intéressant de reconnaître qu'en acquittant immédiatement les droits, les parties, en cas de nullité, se trouvent dans l'impossibilité d'invoquer l'annulation de leur mariage pour se faire restituer, car le jugement qui prononce cette annulation sera toujours postérieur à la perception. Nous trouvons ici une conséquence de la perception provisoire qui peut être fâcheuse parfois pour les redevables, car si l'administration avait été obligée de poursuivre le recouvrement de l'impôt après avoir acquis la preuve de la réalisation du mariage, le jugement qui prononce l'annulation de ce dernier pour quelque cause que ce soit, aurait pu être un événement antérieur qui eût anéanti rétroactivement la créance du Trésor.

Dans tous les cas où la restitution est admise, on s'est demandé si le Trésor avait le droit de retenir quelque chose.

Bien qu'on l'ait discuté, il semble que tout au moins il est dû pour ce contrat non avenu, mais qui a quand même été soumis à la formalité un droit de salaire que paye tous les actes innomés.

Mais on a soulevé de nombreuses controverses sur la quotité du droit fixe qui n'est pas restitué.

La loi de frimaire en s'occupant de l'énumération des différents droits fixes, dans son article 68, § 3, 1° avait porté celui des contrats de mariage à 3 francs et la loi du 28 avril 1816, article 45, n° 2, à 5 fr. Considérant que pour être spécial, ce tarif n'en était pas moins celui d'un droit fixe, l'administration le gardait comme salaire de la formalité, la condition suspensive qui affecte les contrats de mariage, n'ayant pas, disait-elle, échappé au législateur qui savait ne tarifer qu'un simple projet d'acte.

La loi du 28 février 1872, article 1, n° 4, a établi un droit gradué suivant l'importance des apports des futurs ; il s'en suivait que les droits provisoirement versés étaient parfois considérables. On avait soutenu que, malgré ses apparences de proportionnalité, ce nouveau droit était destiné à remplacer uniquement le droit fixe ; dans les travaux préparatoires de la loi de 1872, le rapporteur disait (1) : « Nous maintenons les principes de la loi du « 22 frimaire an VII, seulement nous faisons une classi- « fication nouvelle des droits fixes, mais en laissant les « droits proportionnels pour ce qu'ils sont et pour les cas « où ils sont applicables ». Considérant dès lors que ce droit gradué n'était qu'une transformation du droit fixe, on avait prétendu le garder comme tarif spécial du salaire de la formalité donnée au contrat de mariage.

Dans une délibération du 3 septembre 1872 (2), cette opinion a été rejetée. Quelle que fût la nature que l'on attribuât au droit gradué, il était assis sur des valeurs et n'avait sa raison d'être que par les avantages pécuniaires que le contrat rapporte aux époux ; or, s'ils n'en reti- rent aucun, leur contrat n'étant pas exécuté, la per- ception n'a plus de cause. Mais dans son article 2 la loi du

(1) Rép. pér., n° 3406.
(2) Garnier. v° cont. de m. n° 207.

28 février 1872 ajoutait « le taux du droit établi par l'ar-
« ticle précédent est fixé à 5 francs..... pour les actes
« ne contenant aucune énonciation de sommes et valeurs,
« ni dispositions susceptibles d'évaluation ». Ne devait-on
pas alors garder ce droit de 3 francs comme on le faisait
sous l'empire de la loi du 28 août 1816 ?

L'administration n'a pas cru devoir le prétendre.
Quoique le droit gradué ne fût pas un véritable droit
proportionnel, il était difficile de le considérer comme
identique à l'ancien droit fixe. Commentant la loi de 1872
et se rapportant à un projet précédemment rédigé en
mars 1864, l'I. G. 2433 disait « au droit fixe proprement
« dit, on avait substitué sous le nom de droit fixe gradué,
« un droit spécial participant à la fois du droit fixe et du
« droit proportionnel, sans se confondre néanmoins avec
« l'un ou l'autre de ces deux droits : la loi nouvelle
« consacre ce principe ». Peu importait donc que le droit
de 5 francs fût un minimum ou non : c'était un droit
gradué et par les solutions des 28 septembre 1872 et
13 décembre 1889 (1), l'administration a reconnu qu'en
cas de non exécution d'un contrat de mariage, le seul
droit définitivement exigible était le droit fixe de 3 francs
des actes innomés. Depuis la loi du 28 avril 1893 qui
a d'après ses termes mêmes substitué un droit véritablement proportionnel au droit gradué, tout en gardant
dans son article 20, 2° alinéa, le droit minimum de 5 francs

(1) R. P., 7408.

la théorie précédemment exposée doit être admise par
a fortiori des motifs qui l'ont fait adopter lors de l'interprétation de la loi de 1872.

Envisageons, pour terminer, le cas où les droits ayant
été restitués, la condition suspensive s'accomplit. S'il n'y
a pas eu d'acte de résiliement et que le contrat produise
ses effets, il est évident que les parties devront payer de
nouveaux droits. Mais si l'acte a été annulé, les droits
restitués le sont définitivement, que le mariage ait lieu ou
non (1).

Si les parties, enfin, après avoir anéanti les premières
conventions matrimoniales font un nouveau contrat, l'administration, contrairement à ce qu'elle avait admis tout
d'abord, décide aujourd'hui que les seuls droits exigibles
sont ceux qui sont applicables à la nouvelle convention (2).

Bien que les perceptions provisoires créées pour les
contrats de mariage soient les plus importantes, elles ne
sont pas les seules. L'administration exige d'autres fois le
payement immédiat de droits qu'elle s'expose à restituer
parce que leur perception n'est pas conforme à la loi ou à
sa propre jurisprudence. En voici des exemples :

Quand une donation alternative a pour objet des meubles
ou des immeubles, on perçoit provisoirement le droit de
mutation entre vifs à titre gratuit sur les meubles et

(1) D. m. f. du 13 août 1819. D. N., t. IV, p. 61.
(2) Sol. du 13 décembre 1889. R. P., 7408 et J. E. 6503. D. N., t. IV.
p. 61, n° 448. J. N., 3130.

d'après une d. m. f. du 3 février 1817 (1), consacrant une jurisprudence constante, on impute les droits perçus sur ceux qui sont dus lorsque la donation, après le choix des parties, devient entièrement immobilière.

Dans une vente de biens faite à tant la mesure et avec cette condition que le prix sera réduit si un arpentage ultérieur constate une superficie moindre que celle qui est énoncée dans le contrat, le prix n'est définitivement certain qu'après l'expertise ; néanmoins l'administration perçoit immédiatement les droits de mutation sauf restitution s'il y a lieu. Ce principe s'applique du reste aux ventes de récoltes, de coupes de bois, etc... ou autres analogues faites dans les mêmes conditions.

Lorsque dans un bail les impôts sont à la charge du preneur, leur montant augmente en proportion le prix du loyer : à défaut, dans ces conditions d'évaluation par les parties, le préposé doit les évaluer au quart de la valeur locative, charges comprises ; mais, si les redevables établissent ensuite, par un extrait du rôle, que cette évaluation a été exagérée, l'excédent de perception est restitué (2).

Il arrive parfois qu'un tribunal condamne le défendeur à une certaine somme, sauf à réduire le montant de la condamnation, si ce défendeur prouve ultérieurement que la prétention du demandeur n'est pas fondée. Il faudrait

(1) I. G., 766.
(2) Dél. du 19 juin 1835. J. E., 11225.

régulièrement reculer la perception jusqu'au jugement subséquent qui établira définitivement le quantum de la dette; néanmoins l'administration exige provisoirement les droits sur le premier jugement et les restitue ensuite en partie s'il y a lieu (1).

Sont encore considérés comme provisoires les droits perçus sur un partage testamentaire tant que ce dernier n'a pas été exécuté (2) et le seul droit à retenir, en cas de restitution totale, est celui de 7 fr. 50 fixe, comme pour tout autre testament, par analogie des motifs de la théorie admise pour les actes autrefois tarifés au droit gradué et soumis à une condition suspensive qui ne s'est pas réalisée (3).

Quand l'administrateur provisoire d'une succession paye les droits de mutation exigibles, d'après la parenté de l'héritier présumé avec le *de cujus*, ces droits ne sont perçus que provisoirement et restituables si celui qui succède en dernier lieu est un parent plus proche en degré du défunt (4).

Il en est de même pour les droits qui ont été versés sans déclaration, à valoir sur des droits de mutation par décès reconnus ultérieurement inférieurs au montant du

(1) Sol. du 28 juin 1830. D. N.. t. II, p. 466.
(2) Sol. des 14 juin 1879, 27 août 1880, 14 mai 1883. Garnier, v° partage d'ascendant. n° 250.
(3) Sol. des 17 décembre 1873, 14 juin 1879, 29 septembre 1879, 27 août 1880. 14 mai 1883. Garnier, v° partage d'ascendant. n° 250.
(4) Cassation, 18 juin 1839. Sirey, 39. 1. 592.

versement. C'est la déclaration qui sert de base définitive à l'assiette de l'impôt ; tant qu'elle n'a pas été souscrite, la perception n'est que provisoire et par un jugement du 27 mars 1896 (1), le Tribunal de la Seine, conformément aux solutions de l'administration des 20 avril 1868 (2) et 23 novembre 1881 (3) a décidé que l'action en remboursement de l'acompte n'est soumis qu'à la déchéance quinquennale qui atteint « en l'absence de textes spéciaux, toutes les créances contre l'État ».

L'administration perçoit encore en général, d'une manière provisoire, les droits relatifs à une vente soumise à la condition suspensive de la ratification ultérieure du propriétaire (4).

En cas d'expropriation pour cause d'utilité publique, lorsqu'en vertu de l'article 50 de la loi du 3 mai 1841, après l'arrêté de cessibilité du Préfet, le propriétaire exproprié requiert l'acquisition de la part de l'expropriant, d'une partie d'immeuble non nécessaire à l'exécution des travaux, les droits perçus à défaut de justification suffisante de la réalisation des conditions imposées par l'article 50, sont restituables quand le droit de l'exproprié est postérieurement établi (5).

Enfin, on considère en général, comme provisoires, les

(1) Rép. pér., n° 8770.
(2) Rép. pér., n° 2652.
(3) Rép. pér., n° 5849.
(4) Délib. du 22 février 1826. Garnier, v° ratification, n° 12.
(5) Sol. des 6 avril 1871 et 22 novembre 1875. Garnier, v° expropriation, n° 202.

perceptions des droits d'enregistrement de sceau, tant que les décrets qui les motivent n'ont pas été exécutés (1).

Ainsi quand un futur époux dispensé pour degré de parenté meurt avant la célébration du mariage (2); quand une personne ayant demandé une autorisation de changement de résidence, meurt avant de l'avoir obtenue (3); les droits perçus sont restituables.

(1) D. m. f. du 2 avril 1869. Garnier, v° sceau des titres, n° 10.
(2) Sol. du 15 avril 1872, 27 juin 1873. Garnier, idem.
(3) Sol. du 6 décembre 1852. Garnier, idem.

CHAPITRE IV

DES EXCEPTIONS AU PRINCIPE DE LA NON-RESTITUTION

L'article 60, *in fine*, a apporté des tempéraments à sa propre rigueur : les droits régulièrement perçus ne seront pas restitués quels que soient les événements ultérieurs « sauf les cas prévus par la présente, ajoute-t-il ».

Ce sont les articles 48 et 69, § 3, n° 3, de la loi de frimaire, qui font l'objet de ces exceptions dont le nombre a du reste été augmenté par des lois postérieures. Comme nous l'avons déjà annoncé, contrairement à ce qui se passe lors d'une perception provisoirement établie en vertu de la jurisprudence administrative, dans les différents cas que nous allons examiner, les droits qui sont restitués ont été régulièrement perçus et c'est pour cela que la loi s'est crue obligée d'autoriser elle-même la restitution. Sans doute, elle n'a pris cette détermination que parce qu'en Droit la perception n'était pas solidement motivée, mais il n'en est pas moins vrai que, sans elle, les événements ultérieurs étant sans influence, les droits eussent été définitivement acquis au Trésor.

Il faut ajouter que, bien qu'exceptionnel, le principe de la non-restitution des droits régulièrement perçus étant essentiel à la législation des droits d'enregistrement pour qui il a été créé, ses dérogations doivent comme lui, en général, être strictement interprétées et c'est par une tolérance dont les redevables ne peuvent arguer en leur faveur, que l'administration les a parfois étendues par analogie.

§ I. — Droit de titre perçu à défaut de justification sur un jugement ou sur un arrêté.
(Article 48, loi du 22 frimaire an VII.)

L'article 48 de la loi de frimaire est ainsi conçu : « toutes les fois qu'une condamnation sera rendue ou « qu'un arrêté sera pris sur un acte enregistré, le juge- « ment, la sentence arbitrale ou l'arrêté en fera mention « et énoncera le montant du droit payé, la date du paye- « ment et le nom du bureau où il aura été acquitté ; en « cas d'omission le receveur exigera le droit si l'acte n'a « pas été enregistré dans son bureau, sauf la restitution « dans le délai prescrit, s'il est ensuite justifié de l'enre- « gistrement de l'acte sur lequel le jugement aura été « prononcé ou l'arrêté pris ».

La loi veut que le préposé, qui n'a pas entre les mains la preuve indubitable de l'acquittement des droits dus sur un acte dont l'existence est certaine et dont l'enre- gistrement est indispensable aux termes de l'article 47, exige immédiatement l'impôt dont il ignore la perception, sauf à le restituer par application de la règle *non bis in idem*, si l'on prouve postérieurement qu'il a déjà été perçu.

Ainsi une solution du 5 novembre 1833 (1), a reconnu que les droits perçus sur un jugement constatant une libération sont restituables, s'il est ultérieurement prouvé que le droit de quittance avait été primitivement perçu.

L'administration poussée par la jurisprudence a souvent consenti à élargir la compréhension des termes de l'article 48.

On réclame les droits afférents à la nature d'un acte mentionné dans un sous-seing privé, mais s'il est ultérieurement prouvé que cet acte avait déjà été enregistré, on restitue les derniers droits perçus (2).

De même une sol. du 27 avril 1859 (3) a reconnu qu'il faut restituer les droits payés par un contractant qui ignorait l'enregistrement du double appartenant à l'autre partie.

Mais il faut que le cas soumis à la bienveillance de l'administration ait quelque analogie avec ceux qui sont prévus dans l'exemption créée par la loi.

Ainsi quand le préposé enregistre un testament renfermant une reconnaissance de dettes, qui n'est pas déclarée, avait été soumise à la formalité, il doit exiger le

---

(1) Garnier, v° restitution, n° 245.
(2) J. G., 1205. § 3.
(3) Garnier, v° restitution, n° 249.

droit d'obligation : conformément aux principes ci-devant exposés, il est permis de penser que ce droit serait restitué si l'on justifiait d'une perception antérieure ; mais, si après la recette effectuée, d'après l'énonciation du testament, au lieu de prouver l'enregistrement de l'obligation, les héritiers établissaient seulement que la dette a été éteinte par le défunt, et soutenaient que la perception n'a plus de cause, il n'y aurait pas lieu à restitution (1).

De même : aux termes de l'article 6 de la loi du 1ᵉʳ mai 1822, il est dit que « les lettres de change tirées « par seconde, troisième ou quatrième, pourront quoi- « que étant écrites sur papier non timbré, être enregistrées « dans le cas de protêt, sans qu'il y ait lieu au droit de « timbre et à l'amende, pourvu que la première, écrite sur « papier du timbre proportionnel, soit représentée au rece- « veur de l'enregistrement ».

Comme nous l'avons vu la perception des droits de timbre étant entièrement régie par les lois qui lui sont propres, les exceptions reconnues par l'article 60, ne doivent pas lui être appliquées par analogie, et il faut regarder comme conforme à une saine interprétation de la législation fiscale une délibération du 24 janvier 1834 (2), qui a refusé de restituer les droits de timbre et les amendes perçus sur un duplicata de lettre de change non timbré, bien que les redevables aient postérieurement

____

(1) Voir en ce sens un jugement du Trib. de la Seine, du 3 mars 1847. D. N., t. II, p. 446, nᵒ 131.

(2) Garnier, vᵒ restitution, nᵒ 233.

prouvé que la première lettre avait été revêtue de la formalité exigée par la loi de brumaire.

§ II. – Délégation de prix dans un contrat.
(Art. 69, § 3, n° 3 de la loi du 22 frimaire an VII.)

La deuxième et dernière exception créée par la loi de frimaire se trouve dans l'article 69, § 3, n° 3.

Après avoir énuméré divers actes soumis au droit proportionnel de 1 0/0, il ajoute « les délégations de prix « stipulées dans un contrat pour acquitter des créances à « terme envers un tiers, sans énonciation de titre enre- « gistré, sauf pour ce cas, la restitution dans le délai « prescrit, s'il a été justifié d'un titre précédemment enregistré ». Cette disposition trouve son origine dans l'ancien Droit où on n'exigeait déjà les droits de contrôle, sur une délégation de prix, que lorsqu'il n'était pas fait mention « d'un titre en forme de la dette », comme disait Bosquet.

Il importe de bien distinguer ces délégations de prix avec celles de créances à terme, spécialement tarifées au droit de 1 0/0 sans qu'il s'agisse de restitution ultérieure. L'I. G., 1270, qui rapporte la jurisprudence relative à l'interprétation de notre article et la commente avec soin, reconnaît expressément que la délégation de prix n'est qu'une disposition dépendante du contrat qui la renferme ; que ce n'est pas elle qui est taxée, mais seulement à son occasion le droit du créancier délégataire si l'enregistrement de son titre n'est pas mentionné dans l'acte soumis à la formalité. C'est en un mot la reconnaissance de dette faite par le délégant qui est passible de l'impôt.

Ce principe est définitivement admis aujourd'hui, les nombreuses conséquences qu'on en a tirées en sont une preuve. Ainsi :

Le droit est dû proportionnellement au montant de la créance du délégataire et cela est vrai même si cette dernière est supérieure à la somme dont le délégué est redevable envers le délégant.

Si la créance du délégataire est conditionnelle, le droit proportionnel n'est pas exigible et il le serait inversement si c'était la délégation qui fût seule soumise à une condition suspensive (1).

Enfin, si le titre énoncé n'a pas été enregistré et que le receveur ait omis de percevoir, il faut régulariser la perception même si la délégation n'a postérieurement produit aucun effet (2).

Mais quelque importante que soit cette remarque, que ce n'est pas la délégation elle-même que la loi a voulu soumettre au droit proportionnel, il n'en est pas moins vrai que c'est à son occasion qu'on perçoit et qu'elle doit exister pour que l'article 69 reçoive son application.

Ainsi l'administration a reconnu que si un partage con-

---

(1) Sol. du 28 avril 1864, J. N., 5061.
(2) Jugement du trib. de Valence, 5 juin 1852, J. E., n° 17505.

tient cette clause qu'un copartageant sera attributaire d'une portion de valeurs, plus forte que celle qui lui est due, à charge de désintéresser en proportion de la somme excédant sa part, les créanciers de la succession, le droit proportionnel n'est pas exigible; s'il a été perçu, il devra donc être restitué, quoique les titres des créanciers n'aient pas été enregistrés, parce qu'il n'y a pas ici de délégation proprement dite (1).

Supposons que le titre énoncé dans le contrat ait été enregistré : quelles sont les conditions requises pour que le droit proportionnel qui a été perçu, à défaut de mention de l'enregistrement, soit restituable?

Il faut d'abord qu'il s'agisse d'une délégation de prix, dit la loi.

Qu'entend-on par prix ?

Donnant à ce mot une signification tout à fait restreinte, on avait d'abord cru que le texte de l'article 69 ne pouvait se rapporter qu'aux actes qui comportent un prix, comme la vente, et l'on trouve en ce sens une solution du 13 juin 1828 (2). Il en résultait que le nombre des restitutions de droits perçus sur des délégations était aussi restreint que possible. Mais cette doctrine n'a pas vécu et on considère généralement comme prix aujourd'hui, en doctrine et en jurisprudence, non seulement comme le dit

(1) Champ. et Rig., no 1153. Dél. du 27 mars 1824 et sol. du 28 octobre 1871. Voir Garnier. vo délégation, no 65.
(2) Garnier, vo délégation. no 56.

M. Demante (1), « toute obligation de somme causée par « une transmission de propriété, d'usufruit ou de jouis- « sance », comme celle qu'on peut rencontrer dans la vente, le bail, la donation avec charges, le partage ou l'échange avec soulte, mais encore par n'importe quelle convention emportant ou non mutation. On trouve dans ce sens l'opinion de MM. Champ. et Rig., n° 1156.

C'est seulement quand elle porte sur un prix que la délégation est considérée comme une disposition dépendante du contrat ; toute autre délégation serait un transport de créance donnant lieu à un droit isolé de celui qui est dû sur le titre du délégataire et à l'abri de toute restitution par la constatation ultérieure de l'enregistrement de ce titre.

Il faut en second lieu que la délégation ait été stipulée dans le contrat ; mais il faut qu'elle soit suffisamment complète et déterminée ; c'est ainsi qu'elle doit renfermer l'indication du motif de la créance et le nom du créancier. Dans ces conditions, lorsque le titre n'a pas été enregistré, il importe peu pour que le droit soit définitivement encaissé, que le délégataire intervienne ou non au contrat ; c'est la reconnaissance de dette, avons-nous vu, qui est tarifée et elle est suffisamment établie quand le débiteur affirme même seul son obligation (2).

Quand la délégation a lieu par acte postérieur au con-

(1) Demante, n° 431.
(2) Jugement du Trib. d'Issoudun, 31 juillet 1872. Rép. pér. 3722.

trat donnant naissance au prix, c'est une véritable délégation de créance, et que le droit de titre ait été ou non précédemment perçu, le droit de 1 0/0 est dû pour la délégation et ne devra pas être restitué (1).

La plupart du temps la délégation de prix qui intervient dans un contrat est imparfaite, comme on dit improprement dans la pratique, en ce sens qu'elle n'a pour but que de donner au créancier un nouveau débiteur sans décharger l'ancien. Il peut arriver néanmoins qu'elle soit parfaite, c'est-à-dire qu'elle emporte novation par changement de débiteur, le délégant se substituant le délégué pour le payement de sa dette. Le titre du délégataire alors s'anéantit avant la perception par la naissance de la nouvelle créance, et s'il n'a pas été enregistré, on admet généralement qu'on ne peut plus exiger aucun droit à son égard, mais c'est la délégation elle-même qui est taxée et taxée définitivement.

Si, au contraire, le titre avait été enregistré antérieurement à la délégation, doit-on quand même exiger un nouveau droit? Cette délégation est-elle comprise dans celle dont parle l'article 69 au passage que nous commentons?

La question est discutée. MM. Champ. et Rig. et Dalloz (2) sont pour la négative.

« Si le créancier délégataire et acceptant, écrivent « MM. Champ. et Rig. (3), faisait en même temps nova-

(1) Cass., 7 janvier 1839. S. 39, 1. 316, I. G., 1590, § 4.
(2) Dalloz, n° 1687.
(3) Champ. et Rig., n° 1146.

« tion dans la créance, autrement que par son accepta-
« tion, le droit perçu sur le premier titre ne serait pas un
« obstacle à la perception établie sur le nouveau. »

M. Demante (1) est d'un avis contraire et nous pensons qu'il a raison. L'article 69, en tarifant les délégations de prix et en surbordonnant la possibilité de restitution à l'existence d'un titre enregistré ne distingue pas entre les délégations parfaites ou non, et il en était déjà ainsi dans l'ancien Droit. Les délégations de prix sont traitées avec une faveur spéciale par la loi, et comme le dit M. Demante, d'après elle, « jamais une délégation de prix ne « peut entraîner deux fois la perception du droit propor- « tionnel d'obligation (2) ».

Il faudrait donc appliquer ici, aussi, le texte de notre exception et restituer le droit perçu, même en cas de délégation opérant novation, si le titre du délégataire a été précédemment enregistré, et si, bien entendu, la novation est renfermée dans le contrat.

La généralité des termes de l'article 69 a soulevé une autre controverse.

Il a tarifé les délégations de prix à 1 0/0 et autorisé la restitution, avons-nous vu, s'il est justifié d'un titre précédemment enregistré. Il n'y a pas de difficulté quand le titre lui-même a été soumis au droit d'obligation de 1 0/0. Mais supposons qu'il n'ait donné lieu qu'au droit de 0.50 0/0, par exemple, parce que la créance du délégataire était

(1) Demante, n° 436.
(2) Demante, n° 436.

constatée par un billet à ordre. Devra-t-on restituer entièrement le droit perçu lors de l'enregistrement de la délégation, ou retenir le complément du droit qui a été précédemment versé, c'est-à-dire restituer seulement la moitié de la nouvelle perception ?

On l'a soutenu et peut-être non sans raison. Si l'article 69 ne suppose pas la restitution partielle, dit-on, c'est parce qu'il a été édicté en vue des cas les plus fréquents, il parle de créances à terme, et ordinairement elles sont tarifées à 1 0/0. Ce qu'il a dit ne revient-il pas à ceci : que le tarif de 1 0/0 est exigible en cas de délégation de prix, s'il n'a pas encore été acquitté. La loi n'a pas voulu qu'on perçoive deux mêmes droits d'obligation, mais au moins faut-il qu'on en perçoive un. Sans doute, il est exact de penser que c'est la créance du délégataire qui sert d'assiette à l'impôt, mais peut-on aller, en conséquence, jusqu'à changer le tarif de l'article 69. La créance d'un billet à ordre, constatée dans la délégation, n'a pas été enregistrée ; pour son payement, le débiteur délègue le prix d'un contrat, on exige le droit de 1 0/0, tandis que si le billet a été soumis à la formalité, on restitue tout ce qui a été perçu sur la délégation et on n'exige ainsi que le droit de 0.50 0/0, n'y a-t-il pas là quelque anomalie ? En outre, ajoutent certains auteurs, la délégation de prix doit être malgré tout considérée en elle-même ; elle change l'obligation primitive, elle produit certains effets, ne fut-ce que d'interrompre la prescription, par exemple : « il ne « suffit pas pour que la reconnaissance d'une dette soit

« exempte du droit proportionnel, disent les auteurs du
« *Dictionnaire de l'Enregistrement* (1), que cette dette
« résulte d'un titre antérieur enregistré ; un nouveau droit
« proportionnel est dû, porte un arrêt de Cassation du
« 23 mai 1854, si les deux actes, quoique relatifs aux
« mêmes engagements, ont formé les titres de deux obli-
« gations distinctes, devant produire des effets différents,
« sous le rapport du mode de payement, des intérêts de la
« somme due et de la prescription des actions qui en décou-
« lent ».

Mais cette doctrine n'est pas généralement admise : la
loi ne fait pas de distinction entre la quotité des droits
perçus sur le titre enregistré : il suffit que ce dernier ait
été soumis à la formalité pour que les droits dus à l'occasion de la délégation disparaissent. C'est ce qui ressort de
l'I. G., 1156, § 3, et c'est la théorie enseignée par les
savants auteurs Champ. et Rig. (2) et Dalloz (3). La restitution doit donc être entière dans tous les cas où on jus-
tifie, dans le délai prescrit, de l'enregistrement du titre,
antérieurement à celui de la délégation.

(1) Vo délégation, no 338.
(2) No 1146.
(3) No 1687.

§ III. — Droits perçus sur une adjudication d'immeubles, faite en justice et annulée par les voies légales.
(Avis du Conseil d'État, des 18-22 octobre 1808.)

La première des exceptions créées à l'article 60, postérieurement à la loi de frimaire, se trouve renfermée dans un avis du Conseil d'État des 18-22 octobre 1808 ayant force de loi et qui porte :

« 1° Que les adjudications d'immeubles faites en justice,
« doivent être enregistrées dans les vingt jours de leur
« date et sur la minute, sans qu'on ait ou non interjeté
« appel.

« 2° Que le droit perçu est restituable lorsque l'adju-
« dication est annulée par les voies légales. »

Le Conseil donne comme motifs de ces décisions, que d'une part, l'article 20 de la loi de frimaire soumettant les jugements à l'enregistrement obligatoire dans le délai de vingt jours ne fait pas d'exception et que l'article 28 de la même loi s'oppose à tout retard qu'on voudrait apporter dans le payement des droits, quel qu'en soit le motif, mais que d'autre part, le principe rigoureux de l'article 60 doit fléchir, ici, parce qu'il n'y a pas à craindre de collusions frauduleuses dans le cas d'une adjudication légalement annulée.

L'interprétation donnée à cet avis par la Cour suprême et l'administration a été plus ou moins large suivant les époques; nous pensons qu'il est difficile de sortir des limites très nettement posées par le texte.

D'après ce dernier, pour que la restitution soit autorisée il faut deux conditions : 1° qu'il s'agisse d'une adjudication d'immeubles faite en justice ; 2° que cette adjudication ait été annulée par les voies légales.

Ces conditions sont nécessaires, mais aussi suffisantes, et c'est à tort qu'on a parfois voulu restreindre la portée de l'avis au cas spécial d'une adjudication sur saisie immobilière, sous prétexte qu'elle seule offrait les garanties désirables contre la fraude (1). Le texte ne distingue pas; sans doute, lorsqu'il a été édicté, il s'agissait d'une adjudication forcée, mais il n'en est pas moins vrai qu'en employant formellement, tant pour rédiger ses décisions que pour en expliquer les motifs, des termes tout à fait généraux, le Conseil d'État a montré, qu'envisageant le cas d'appel, il voulait trancher la question de la perception et de la restitution des droits d'enregistrement relatifs à tous les jugements portant adjudication quels qu'ils fussent.

C'est ce qui, du reste, a été implicitement reconnu par un arrêt du 21 avril 1841 (2). D'un autre côté, on s'est demandé s'il n'y avait pas possibilité d'assimiler aux adjudications en justice, celles qui sont faites devant un notaire commis.

L'affirmative avait été admise dans une délibération du

<hr>

(1) Cass. 31 déc. 1839. S. 40, 1. 183, I. G., 1615, § 7.

(2) S. 41, I. 431, I. G. 1661, § 10. Trib. de la Seine, 22 juillet 1876, R. P., 4720.

14 février 1834 (1), mais elle a été abandonnée quelques années plus tard par l'administration elle-même dont les conclusions motivèrent un arrêt de cassation du 31 décembre 1839 cité plus haut; cette nouvelle jurisprudence est aujourd'hui constante et on ne peut la condamner. L'union intime qui existe entre les deux dispositions de l'avis, relatives, l'une à l'enregistrement des jugements dans les vingt jours de leur date, et l'autre à la restitution des droits perçus sur ces mêmes jugements quand ils portent sur une adjudication légalement annulée, ainsi que l'exposé des considérants qui ont motivé ces décisions, ne permettent pas de faire des applications par analogie; les adjudications devant notaire commis sont enregistrables dans les dix jours, elles ne sont pas susceptibles d'appel, ne pouvant être attaquées, comme le dit l'arrêt du 21 avril 1841, que par voie d'action principale et bien qu'elles aient des ressemblances, il est impossible de les confondre, dans le cas particulier, avec celles sur lesquelles a statué le Conseil d'État.

On doit de même, et pour des motifs analogues, considérer comme conforme à l'esprit et à la lettre de l'avis de 1808, une série d'arrêts de la Cour de Cassation des 7 novembre 1821, 15 novembre 1828 et 28 avril 1835 (2), dont la doctrine a toujours été suivie depuis, et qui ont refusé de restituer les droits perçus sur un jugement

(1) J. E., 10884, D. N., t. I, p. 547, n° 156.
(2) Sirey, 21. 1. 514. Sirey, 28. 1. 183. Sirey, 35. 1. 370.

infirmé en appel, mais ne portant pas adjudication (1).

Quelles sont les voies légales d'annulation qui donnent lieu à restitution?

Bien que l'avis de 1808 ne parle que de l'appel dans la disposition relative à la perception, l'administration croit devoir restituer les droits perçus sur une adjudication judiciaire annulée par l'opposition; mais elle a toujours été d'un avis contraire quand il s'agissait d'une annulation par les voies extraordinaires (2).

Cette manière de voir peut être discutée. Il est vrai, comme nous l'avons vu, que le Conseil d'État s'est prononcé pour un jugement frappé d'appel, mais dans ses conclusions il parle des voies légales sans faire de distinction. On objecte que les intérêts des tiers seraient trop longtemps tenus en suspens par la requête civile ou l'opposition, mais en matière de restitution la prescription de Droit commun est celle de deux ans, et à moins d'un texte contraire rien n'oblige à écarter l'application de l'article 61 de la loi de frimaire.

Enfin, l'avis ne s'occupant que des droits d'enregistrement, il n'est pas douteux que les droits de timbre doivent dans tous les cas rester définitivement acquis au Trésor.

(1) J. G., 1498, § 3. J. G., 1200, § 4. J. E., 8435. C., 14 janvier 1836. S., 36. 1. 93. Cass., 12 février 1850. S., 50. 1. 396. J. G., 1857, § 14.

(2) Arrêts de Cass. du 19 nov. 1849. Sir., 50. 1. 62. J. G., 1857, § 12. J. G., 1615 § 7. J. G., 1661. 10. Cass., 11 nov. 1846. Sir., 47. 1. 104 et 23 avril 1849. Sir., 49. 1. 447.

§ IV. — Droits de mutation payés sur les biens d'un absent.
(Article 40. loi du 28 avril 1816.)

La loi du 28 avril 1816, qui traite incidemment des effets de l'absence au point de vue fiscal, a apporté une nouvelle exception au principe de l'article 60; après avoir établi dans son article 40 que ceux qui sont appelés à exercer des droits subordonnés à la mort d'une personne déclarée absente, devront, dans les six mois du jour de l'envoi en possession provisoire, faire la même déclaration et acquitter les mêmes droits que s'il s'agissait d'une véritable mutation par décès, elle ajoute : « en cas de retour « de l'absent, les droits payés seront restitués sous la « seule déduction de celui auquel aura donné lieu la jouis- « sance des héritiers ».

Bien qu'exceptionnel, puisque par suite des événements ultérieurs, il change, en simple droit de jouissance, celui qui avait été exigé pour une mutation en pleine propriété, cet article, comme nous allons le voir, est encore un de ceux qui ont reçu de la part de la doctrine et de la juris- prudence, une très large interprétation.

La loi de 1816 autorise la restitution d'une partie des droits perçus, lorsque l'absent, de retour, vient reprendre possession de ses biens. Mais supposons qu'on ait la cer- titude du décès de la personne déclarée absente, et qu'à ce moment des héritiers du défunt, autres que ceux qui se sont fait envoyer en possession provisoire, évincent ces derniers. Devra-t-on appliquer l'article 40 ?

Pour soutenir l'affirmative on invoque l'article 130 du C. civ. qui assimile, dans notre cas, au point de vue du Droit civil, la situation de l'évincé à celle qu'il a au retour de l'absent, et on exige une autre déclaration du nouvel héritier; cette opinion a pour elle une d. m. f. du 24 fructidor an XII (1), qu'on regarde encore comme étant en vigueur, malgré les dispositions législatives créées depuis.

D'autres auteurs, plus scrupuleux de respecter le texte de la loi de 1816, considèrent qu'en vertu de l'article 60, les droits payés par l'héritier évincé sont définitivement acquis au Trésor, et n'exigent qu'un supplément de droit de la part du nouveau successible, s'il est parent plus éloigné du défunt. Ce système est celui de MM. Champ. et Rig. (2).

Nous avons vu, en étudiant l'effet des événements ultérieurs sur la perception, que l'administration admettait une théorie analogue en matière de succession, quand elle décide que les droits perçus sur une déclaration faite par un héritier postérieurement évincé sont imputables sur ceux qui sont dus par le nouvel appelé. Il y aurait peut-être lieu d'appliquer ici la même doctrine. Dans toutes les dispositions de la législation fiscale, et c'est d'elles que nous devons exclusivement nous servir, puisque nous interpré-

(1) Garnier, v° absence, n° 114.
(2) Champ. et Rig., 3968 et 3329.

tons un texte qui fait exception à un de ses principes essentiels, l'envoyé en possession provisoire a toujours été assimilé à un héritier ordinaire, étant soumis aux mêmes obligations ; il est plus favorablement traité par l'article 40 quand son auteur, renaissant pour ainsi dire, aux yeux de la loi, vient anéantir la présomption qu'on avait de sa mort, mais cet article n'a pas prévu d'autres circonstances et il est suffisamment précis pour les exclure.

Quoi qu'il en soit, c'est la première opinion qui a été admise par l'administration, et une solution du 26 octobre 1874 (1) en étend l'application aux droits payés par les héritiers de l'envoyé en possession sur les biens de l'absent qui ont été compris dans la déclaration de succession de leur auteur.

La première partie de l'article 40 suppose que c'est **un** envoyé en possession qui paye les droits de mutation. Ces derniers seront-ils restitués si c'est un possesseur de fait qui les a versés ?

La question est également très controversée.

L'héritier présomptif qui s'est mis en possession, sans titre, dit-on, ne peut être considéré comme ayant eu la jouissance des biens ; il doit restituer tous les fruits perçus et il faut aussi lui restituer les droits qu'il a payés. C'est ce qui résulte notamment des solutions des 4 septembre 1872 et 20 avril 1874 (2). Cette doctrine n'est pas conforme

(1) Garnier, vᵒ absence, nᵒ 113.
(2) Garnier, vᵒ absence, nᵒ 111.

au texte de l'article 40. La loi de frimaire qui ne traite
de l'absence que dans son article 24, en parlant des délais
pour l'enregistrement des déclarations, oblige les héritiers
présomptifs à déclarer, dans les six mois du jour de la
mise en possession, les biens délaissés par l'absent, sans
distinguer si cette mise en possession a été régulière ou
non. La généralité des termes de l'article 24 n'a pas pu
échapper au législateur de 1816 et il semble vraisemblable
de croire que c'est à dessein qu'il s'est occupé exclusivement de la prise de possession régulière par jugement
d'envoi en lui accordant une faveur toute exceptionnelle,
au cas du retour de l'absent. Il s'ensuit que l'article 24 qui
n'a pas été abrogé, qui coexiste avec la disposition de
l'article 40, n'a plus d'utilité que pour la possession de
fait établie avec les présomptions de l'article 12 de la loi
de frimaire et soumise, quant à la perception qu'elle
motive, aux rigueurs de l'article 60, pour qui l'effet
rétroactif de l'événement ultérieur qui fait considérer la
jouissance comme n'ayant jamais existé, est sans influence.
Il faut au surplus remarquer que le possesseur de mauvaise foi est toujours moins bien traité que le possesseur
de bonne foi ; et, parce qu'il ne s'est pas conformé aux
exigences de la loi, on arrive dans la doctrine que nous
combattons à lui donner une situation meilleure, en lui
restituant la totalité des droits perçus (1).

(1) Naquet, n° 892.

Dans les différents cas où la restitution est admise, que faut-il restituer ?

On déduit, dit l'article 40, « le droit auquel a donné lieu « la jouissance ». Comment se fera le calcul de cette déduction ?

L'article 127 du C. civ. nous dit : « Ceux qui, par suite « de l'envoi provisoire ou de l'administration légale, auront « joui des biens de l'absent, ne seront tenus de lui rendre « que le cinquième des revenus s'il reparait avant quinze « ans révolus, depuis le jour de sa disparition, et le « dixième s'il ne reparaît qu'après les quinze ans ; après « trente ans d'absence, la totalité des revenus leur appar- « tiendra ». On s'est demandé s'il fallait asseoir le droit de mutation que l'on conserve, sur les quatre cinquièmes, les neuf dixièmes ou la totalité des revenus, ou seulement sur les valeurs qui ont été véritablement perçues et qui demeurent la propriété des restituants.

Certains auteurs se sont prononcés pour cette dernière opinion, parce que, selon eux, les héritiers provisoires, administrateurs salariés, n'ont qu'un droit de créance ; ils n'ont ni l'usufruit, ni une quote-part d'usufruit sur les biens laissés par l'absent ; ce qu'ils recueillent leur est attribué en totalité ou en partie, à titre d'indemnité seulement (1).

Nous ne pensons pas devoir nous rallier à cette doctrine. Il est vrai que l'article 125 du C. civ. dit que « la

____

(1) Champ. et Rig., n° 3968. D. N., v° absent. n° 502.

« possession provisoire ne sera qu'un dépôt, qui donnera
« à ceux qui l'obtiendront, l'administration des biens de
« l'absent », mais il est difficile de croire que ces expressions, dépôt et administration, aient été employées au sens
technique du mot, quand plus loin, dans les articles 127,
128 et 130, on parle de l'héritier qui a joui. Quelle que
soit, du reste, l'importance que l'on attache au sens de la
terminologie employée par le Droit civil, il semble bien
que la loi de 1816 doive effacer toute incertitude sur la
qualification du droit de l'héritier présomptif, au point de
vue fiscal tout au moins, puisqu'elle emploie expressément
le mot jouissance, synonyme, dans le cas particulier, et
d'après les principes généraux de la loi de frimaire, de
celui d'usufruit (1). Il faut donc admettre, selon nous, que
lorsqu'il s'agira de restitution, c'est un droit d'usufruit
qui fera l'objet de la déduction dont parle l'article 40.

Quel sera le montant exact de cette déduction ?

D'après l'I. G., n° 290, il doit s'élever à la moitié des
droits qui avaient été acquittés sur la pleine propriété,
sauf diminution d'un cinquième ou d'un dixième, suivant
que l'absent rentre avant les quinze ans ou avant les
trente ans qui ont suivi le jour de sa disparition. Ce serait
donc aujourd'hui le revenu capitalisé dans tous les cas
au denier 10 ou 12.50 qui servirait de base à la liquidation
des droits à retenir. Mais il n'en est pas toujours ainsi. Il
faut remarquer que c'est un nouveau droit que l'on

(1) I. G., 2890, § 72.

déduit du montant de la restitution, puisque celui qui
avait été exigé portait sur une véritable mutation de propriété ; la détermination de la valeur de l'usufruit se fait
donc lorsque la durée de ce dernier est exactement déterminée. Or, depuis l'époque où parut l'I. G., 290, l'administration a admis la possibilité, dans une délibération du
13 avril 1830 (1), d'évaluer l'usufruit temporaire d'un
bien en capitalisant le revenu par le nombre d'années de
jouissance, sans que cette évaluation, bien entendu,
puisse dépasser la valeur de la moitié de la pleine propriété. Cette interprétation, tout à fait logique, devait
trouver ici son application, et la capitalisation au denier 10
ou 12.50 n'est plus qu'un maximum pour la détermination
de la valeur de l'usufruit donnant lieu à la déduction du
droit de jouissance dont parle l'article 40 (2).

§ V. — Droits perçus sur les acquisitions amiables faites antérieurement aux arrêtés de cessibilité du Préfet.
(Loi sur l'expropriation pour cause d'utilité publique du 3 mai 1841, article 58.)

Les expropriations pour cause d'utilité publique étaient
déjà traitées avec faveur sous l'ancien régime, par le
Droit fiscal : il n'était pas dû de lods et ventes quand l'acquisition « regardait le public », comme disaient nos feu-

(1) Garnier, v° absence, n° 110.
(2) Sol. du 10 décemb. 1872. Conf. Naquet, n° 891.

distes (1). L'article 70, § 2, de la loi de frimaire exemptait de l'impôt les acquisitions faites par l'État quel que fût leur but, mais le législateur ne s'était pas occupé d'une manière spéciale des expropriations : les lois des 8 mars 1810 et 7 juillet 1833 vinrent bientôt combler cette lacune en admettant au bénéfice de la gratuité de la formalité de l'enregistrement et du timbre, tous les actes nécessaires à un expropriant pourvu qu'il s'agit de l'utilité publique dûment déclarée, et le 3 mai 1841 parut la loi qui nous régit encore aujourd'hui. Cette dernière reproduit presque textuellement les dispositions législatives antérieures, mais elle ajoute dans son article 58, dont le début est calqué sur le même article de la loi du 7 juillet 1833, que « les droits perçus sur les acquisitions amiables faites « antérieurement aux arrêtés du préfet, seront restitués « lorsque, dans le délai de deux ans, à partir de la per- « ception, il sera justifié que les immeubles acquis sont « compris dans ces arrêtés. La restitution des droits ne « pourra s'appliquer qu'à la portion des immeubles qui « aura été reconnue nécessaire à l'exécution des travaux ». Ainsi naquirent une nouvelle exception au principe de l'article 60 de la loi de frimaire et une innovation importante sur la jurisprudence administrative, alors en usage, au sujet des demandes en restitution concernant les cessions amiables passées avant l'arrêté de cessibilité du préfet : l'I. G., 1571, en effet, se rapportant à une d. m.

____

(1) Boucheul, art. 23 de la *Coutume du Poitou*.

f. du 17 août 1838 disait en termes formels que « l'arrêté
« du préfet qui classe les terrains, antérieurement acquis,
« au nombre de ceux auxquels l'expropriation est appli-
« cable, doit être considéré comme un événement ulté-
« rieur, qui ne peut rendre restituable le droit propor-
« tionnel régulièrement perçu sur l'acte d'acquisition ».

Quelle est l'étendue de l'exception posée dans l'article 58 ?

Nous pensons que les motifs de la loi de 1841 sont trop
importants pour permettre une interprétation restrictive
et qu'il faut plutôt s'inspirer de son esprit que de son
texte. L'expropriation pour cause d'utilité publique, en
effet, est une nécessité dont le Trésor ne peut profiter
pour s'enrichir; l'exproprié doit recevoir la valeur réelle
du bien dont on le prive, alors que peut-être il ne retirera
aucun avantage de l'exécution des travaux, et il faut diminuer autant qu'on le peut les charges de l'expropriant,
qui se sacrifie pour l'intérêt général et doit être encou-
ragé dans son entreprise (1). Il est permis, en conséquence,
de croire vraisemblablement que le législateur de 1844,
malgré la spécification des termes employés. a entendu
se montrer aussi bienveillant quand il s'agit de restituer
les droits que de les percevoir, du moment que l'utilité
publique a été légalement reconnue. Sans doute, c'est
avec de justes motifs, basés sur la protection qu'elle doit
aux intérêts du Trésor, que l'administration consultée se

(1) Dalloz. n° 3305. t. XXII. p. 429.

montrera difficile après la perception, pour reconnaître l'opportunité des formalités nécessaires à l'exonération de l'impôt (1), mais quand il est établi que les requérants ne sont pas guidés par l'esprit de fraude, il faut admettre, dans toutes ses parties, l'application la plus large possible de la loi de 1841.

Or, l'arrêté de cessibilité n'est pas indispensable pour exempter de l'impôt la cession amiable ; il suffit que les parcelles expropriées aient été dénommées dans le décret ou la loi qui reconnaît l'utilité publique et ordonne les travaux ; si donc, après la perception, et dans le délai requis, c'est un décret ou une loi de ce genre qui intervient, les droits devront être restitués bien que l'exception de l'article 58 ne parle que des arrêtés du préfet. C'est la solution aujourd'hui admise par l'administration. Dans une dél. des 4-8 août 1857 (2), elle avait reconnu qu'il n'y avait plus lieu, comme sous l'empire de la loi de 1833, pour l'application de l'article 58, 2e alinéa, de distinguer entre les actes antérieurs ou postérieurs aux décrets qui autorisent l'expropriation, mais elle avait exigé que les biens acquis fussent déterminés dans des arrêtés de cessibilité (3). Cette restriction a été repoussée l'année suivante par la Cour de Cassation dans un arrêt du

---

(1) Lettres communes des 27 décemb. 1873, janv. 1874, 2 juillet 1886, 27 sept. 1888.

(2) Garnier, v° expropriation, n° 199.

(3) I. G., 2106, § 1er.

4 mai 1858 (1) dont la doctrine a été constamment suivie depuis (2).

De même, il y a, d'une manière générale, deux façons d'acquérir en cas d'expropriation : le jugement ou la cession amiable : l'article 58 ne s'occupe pas du premier mode d'acquisition : le jugement, en effet, ne doit être rendu que lorsque toutes les formalités ont été remplies, y compris la détermination des biens ; il sera donc presque toujours obligatoirement enregistré gratis ; mais si, exerçant son droit de contrôle, l'administration reconnaissait que les parcelles nécessaires aux travaux n'ont pas été nominativement désignées dans les actes qui ont précédé le jugement ou que la déclaration d'utilité publique n'a pas été prononcée conformément à la loi, et exigeait le payement des droits de mutation, il semble bien qu'il faudrait opérer une restitution, si dans les deux ans, la situation de l'expropriant était régularisée. Par *a fortiori*, l'article 58 devrait s'appliquer à une cession amiable même accompagnée d'un jugement de donné acte aux parties, qui est rendu sans vérification des pièces.

L'immunité dont jouissent les acquisitions par expropriation pour cause d'utilité publique légalement faites, a été étendue par le législateur lui-même, aux actes qui en sont la conséquence. Malgré le silence de la loi, quand il s'agit de restitution, il n'est pas admissible de croire que

(1) D. 58. 1. 175.
(2) I. G., 2137, § 1er.

l'article 58 a été exclusivement édicté, comme le laisserait supposer son texte, par une interprétation trop étroite, au profit des droits perçus sur les contrats d'acquisition ; il faut en étendre l'application à tous les actes véritablement passés en vertu de la loi de 1841 et qui auraient été enregistrés gratuitement si l'événement qui motive le reversement des droits proportionnels à l'expropriant s'était produit avant la perception : ainsi devront être restitués les droits perçus sur des actes de notoriété, certificats de propriété, quittance, etc... On trouve dans ce sens une solution du 29 avril 1868 (1) relative à la restitution des droits antérieurement exigés sur une déclaration de command ou un cahier des charges.

Bien plus, reconnaissant que le mot acquisition doit être pris dans son sens le plus large, M. Gillon (2), dans la séance du 4 mars 1841 devant la Chambre des députés disait : « on restituera ainsi les droits perçus pour des « marchés ou des traités relatifs à des constructions ou à « des ouvrages de toute nature qui ont amélioré l'im- « meuble exproprié », et cette extension ne fut pas contredite ; mais la jurisprudence de la Cour suprême s'est refusée à exonérer de l'impôt ces sortes de contrats qui n'ont pu être visés par la loi sur l'expropriation pour cause d'utilité publique, puisqu'ils sont passés entre les expropriants et des particuliers autres que les expropriés et

(1) R. P. 2691.
(2) Garnier, t. I, p. 121.

que, dans tous les cas, ils n'ont pas directement pour objet des biens compris dans l'expropriation (1).

Après avoir posé le principe de la restitution, l'article 58 *in fine* ajoute « la restitution des droits ne pourra s'appli- « quer qu'à la portion des immeubles qui aura été re- « connue nécessaire à l'exécution des travaux ». La rédaction de ce dernier alinéa donna particulièrement lieu à de vives discussions et d'après les renseignements fournis par les travaux préparatoires (2), il faut lui attribuer un sens tout à fait restreint : on s'était surtout occupé du cas du propriétaire cédant qui a droit de se prévaloir de l'article 50, pour obliger l'expropriant à acquérir le surplus de l'immeuble dont une partie seulement est néces- saire aux travaux; on proposa d'autoriser la restitution des droits perçus sur la cession de la portion de l'im- meuble non comprise dans l'expropriation, afin de ne pas traiter moins favorablement les acquisitions amiables que les jugements; il suffit, quand l'expropriation ne se fait pas de gré à gré, d'une simple réquisition au magistrat, directeur du jury, pour affranchir de l'impôt la cession des biens se trouvant dans les conditions prévues par l'ar- ticle 50, et il ne faut pas, disait-on, que les redevables aient à souffrir de l'impossibilité matérielle où ils sont de remplir cette simple formalité, parce qu'ils ont mis tout le bon vouloir désirable à satisfaire l'intérêt général. Mais

(1) Trois arrêts de Cass., du 15 juin 1869. Conf. Champ. et Rig., t. VI, nᵒ 258. Sirey, 70. 1. 36.

(2) Garnier, t. I, page 221.

on fit alors remarquer combien il aurait été difficile de déterminer avec exactitude la portion acquise en vertu de l'article 50 et plus difficile encore de prouver que la partie accessoire avait été achetée dans le but d'échapper à la réquisition du propriétaire ; en conséquence, pour éviter de nombreux procès, on accepta, sans mettre aux voix aucun amendement, le texte de l'article 58 tel qu'il est rédigé. Ainsi l'intention du législateur ne peut prêter à l'équivoque et c'est, sans distinction, qu'il faut admettre que seuls les droits perçus sur la mutation des biens compris dans le plan des travaux, doivent être restitués (1).

Lorsqu'il y a lieu, dans ces conditions, à une restitution partielle, il faut faire une ventilation du prix de l'immeuble cédé, ce qui parfois peut offrir de grandes difficultés lorsque les travaux ont été depuis longtemps commencés : à défaut d'entente entre l'administration et les parties, on nomme trois experts qui se reportent au moment de la cession pour réaliser, comparativement avec celle qui reste, la portion des biens comprise dans l'expropriation.

Notons enfin que le dernier alinéa de l'article 58, n'étant que l'explication des dispositions qui le précèdent, la restitution ne s'appliquerait pas, bien entendu, à des droits perçus sur des cessions de parcelles même reconnues né-

____

(1) Jugement du tribunal de la Seine, du 7 décembre 1861. Garnier, v° exprop., n° 201. Dalloz, v° enregistrement, n° 3312. *Contrà* Dufour. *Droit ad.*, 2ᵉ édit., t. V, n° 529.

cessaires aux travaux après leur exécution, mais non comprises dans les arrêtés de cessibilité (1).

La restitution dont parle l'article 58, s'applique-t-elle à tous les droits perçus quelle que soit leur nature ?

La question n'a jamais été discutée pour les droits de transcription, la loi étant formelle, et malgré son silence relativement aux droits de greffe l'administration assimilait ces derniers aux droits d'enregistrement proprement dits et leur accordait le bénéfice de la restitution (2).

Mais doit-on restituer les droits de timbre? On a soutenu la négative. Ainsi que nous avons déjà eu occasion de le voir, l'impôt du timbre est généralement considéré comme un impôt de consommation ; quand le papier est vendu, quelle que soit sa destination ultérieure, son prix est définitivement encaissé par le Trésor ; on peut être autorisé à n'en pas faire usage, mais quand on l'a employé, obligatoirement ou non, il n'y a pas de restitution possible (3).

On peut opposer à ces conclusions des arguments tout à fait péremptoires. Il ne s'agit pas ici d'interpréter un texte régissant exclusivement la perception ou la restitution des droits d'enregistrement ; la loi de 1841 dans son article 58 qu'il faut nécessairement considérer dans son entier, écarte en termes formels la perception des droits

(1) Cass., 16 août 1843, 13 novembre 1848. 7 mars 1883. Sirey 43. 1. 822 ; 49. 1. 60 ; 84. 1. 197.

(2) D. m. f., 11 juin 1855 et sol. du 12 octobre 1864. R. P., 2014

(3) Jugement du tribunal de la Seine du 26 août 1864, R. P., 207 0

de timbre, de transcription et d'enregistrement quand les formalités qu'elle exige ont été remplies et elle ajoute sans faire de distinction que si ces droits ont été perçus, ils seront restitués à l'arrivée de tel événement. Comment supposer que le législateur qui parle de la restitution des droits perçus en termes généraux a quand même entendu exclure de cette faveur ceux qui ont été versés pour le timbre ? Il a voulu que les actes d'expropriation pour cause d'utilité publique bénéficiassent de l'affranchissement de l'impôt, et en posant le principe de la restitution il a montré clairement son intention de favoriser le sacrifice de l'intérêt particulier pour l'intérêt général, que la preuve de la cession pour l'utilité publique fût démontrée légalement avant ou après la perception. En admettant, ce qui du reste est contestable, que l'impôt du timbre soit assimilable à une taxe de consommation, il n'y a ni au point de vue juridique, ni au point de vue matériel, aucun obstacle à ce qu'on le reverse au contribuable : on le fait très souvent à titre de remise gracieuse et le législateur lui-même, sans qu'on ait soulevé aucune objection, dans la loi du 3 octobre 1884, l'a admis pour les actes préparatoires aux ventes judiciaires d'immeubles.

L'administration, aujourd'hui, s'est ralliée à cette opinion, et il faut étendre le principe de l'article 58, ainsi que nous l'avons admis pour les droits d'enregistrement, non seulement aux actes même de cession, mais à tous ceux qui en dépendent et ont été passés en vertu de la loi de 1841 (1).

Nous n'avons pas à rentrer ici, dans l'examen approfondi des formes multiples sous lesquelles peuvent se présenter les expropriations pour cause d'utilité publique.

Notons seulement que la jurisprudence a étendu en particulier l'application de l'article 58 aux expropriations faites en vertu de la loi du 16 septembre 1807 pour les alignements (2).

Une d. m. f. du 17 septembre 1846, rapportée dans l'I. G., 1764, a donné une décision identique pour les acquisitions de terrain autorisées par la loi du 21 mai 1836 concernant les travaux relatifs aux chemins vicinaux et la loi de 1841 elle-même porte que son titre VI, où se trouve inséré l'article 58, sera applicable aux travaux urgents de fortification prévus par la loi du 30 mars 1831. — Article 76, l. 3 mai 1841. Devront encore jouir du même bénéfice les acquisitions pour travaux militaires et de la marine.

Un décret du 26 mars 1852, dont les dispositions sont applicables, d'après son article 9, à « toutes les villes qui « en feront la demande par des décrets spéciaux rendus « dans la forme des règlements d'administration pu « blique (3) », porte expressément que l'article 58 de la loi du 3 mai 1841, « est applicable à tous les actes et

(1) Sol. du 23 novemb. 1888. R. P., 7215.
(2) Cass., arrêts des 19 juin 1844, 6 mars 1848 et 31 janvier 1849. Sirey, 44. 1. 493 ; 48. 1. 374 ; 49. 1. 198.
(3) D. 52. 4. 102.

« contrats relatifs aux terrains acquis pour la voie pu-
« blique par simple mesure de voirie ».

C'est ici qu'il est vrai de dire que le mot acquisition
dont parle l'article 58 dans son deuxième alinéa est pris
dans un sens le plus large possible; aux termes de ce
même décret de 1852, en effet, il est permis d'exproprier,
sans qu'on se trouve dans les conditions prévues par
l'article 50 de la loi de 1841, la totalité d'un immeuble
dont une partie seulement est nécessaire aux travaux et
plusieurs solutions de février 1873, octobre 1886, janvier 1889 (1), ont admis la possibilité de restituer tous
les droits perçus sur des acquisitions amiables prouvées,
dans les deux ans qui ont suivi la perception, nécessaires
aux travaux de voirie.

Mais, dans tous les cas où l'expropriation pour cause
d'utilité publique bénéficie des faveurs de la loi de 1841,
bien qu'elle soit régie par des dispositions de lois spéciales, il faut que ces dernières aient été scrupuleusement
remplies.

§ VI. — Droits perçus sur les cessions d'offices.
(Loi du 25 juin 1841, art. 14.)

Quelques modifications qu'ait subies la législation fiscale
relativement aux cessions d'offices publics ou ministériels,
ces contrats ont toujours été considérés comme affectés

____

(1) Garnier, v° expropriation, n° 248.

d'une condition suspensive qui est l'acceptation du nouveau titulaire par le gouvernement.

C'est pour ce motif que la loi du 21 avril 1832, article 4, ne soumettait à la formalité obligatoire de l'enregistrement, pour percevoir le droit proportionnel établi sur la valeur du cautionnement, que la première expédition de l'ordonnance de nomination des avocats à la Cour de Cassation, notaires, avoués, greffiers, huissiers, agents de change, courtiers et commissaires-priseurs que la loi de Finances du 20 avril 1816 avait autorisés à présenter un successeur à l'autorité gouvernementale. Si le droit proportionnel avait été perçu avant la nomination et que celle-ci vint à être refusée, la perception ayant été irrégulière, l'article 60 ne s'opposait pas à la restitution (1).

L'article 4, néanmoins, imparfaitement explicite, faisait naître de nombreuses difficultés dont les solutions les plus équitables ne relevaient que de l'arbitraire. La loi de 1832 fut abrogée par celle du 25 juin 1841 qui est encore en vigueur et dont l'article 6 est ainsi conçu : « A « compter de la promulgation de la présente loi, tout « traité ou convention ayant pour objet la transmission à « titre onéreux ou gratuit, en vertu de l'article 91 de la « loi du 28 avril 1816, d'un office, de la clientèle, des « minutes, répertoires, recouvrements et autres objets en « dépendant, devra être constaté par écrit, et enregistré « avant d'être produit à l'appui de la demande de nomina-« tion du successeur désigné ».

(1) Cass., 24 fév. 1835, I. G., 1656. Sirey, 35. 1. 261.

« Les droits d'enregistrement seront perçus selon les
« bases et quotités ci-après déterminées. »

Et dans les articles suivants, la loi établit un maximum
de 2 0/0 pour le droit à percevoir sur la valeur de l'office
transmis. Enfin l'article 14 porte « les droits, perçus en
« vertu des articles qui précèdent, seront sujets à restitu-
« tion toutes les fois que la transmission n'aura pas été
« suivie d'effet. »

« S'il y a lieu à réduction du prix, tout ce qui aura été
« perçu sur l'excédent sera restitué ».

Nous trouvons ainsi, dans la loi de 1841, deux exceptions aux principes de la jurisprudence administrative et
du droit fiscal : d'un côté la perception établie, malgré la
doctrine alors déjà universellement admise sur un contrat
éventuel, de l'autre, malgré l'article 60 de la loi de frimaire, la restitution d'un droit perçu régulièrement comme
étant exigé en vertu d'un texte de loi. C'est la deuxième
de ces exceptions, qui n'est du reste que la conséquence
inévitable de la première, que nous allons étudier.

L'article 14, comme nous allons le voir, suppose d'abord
le cas d'une restitution totale des droits perçus. Que veut-
il dire exactement, quand il parle, à ce propos, de transmission qui n'aura pas été suivie d'effet ?

Il ne faut pas donner à ces expressions un sens trop
large ; le législateur n'a certainement pas voulu viser le cas
où l'acte étant devenu parfait, la mutation n'a pas eu lieu
au point de vue matériel ; il n'aurait pas innové de cette façon sans s'expliquer clairement, et on ne comprendrait

pas cet échec aux principes les plus fondamentaux de la législation fiscale pour créer une faveur spéciale aux transmissions d'office. La condition suspensive se trouve dans l'approbation ultérieure du Gouvernement et là seulement : c'est cette dernière qui donne la vie à l'acte jusque-là à l'état de projet. mais dès que le traité est ratifié, la propriété passe véritablement de la tête du cédant sur celle du cessionnaire, il y a mutation au sens juridique du mot, et le droit proportionnel est définitivement encaissé quels que soient les événements ultérieurs. Cette manière de voir a été consacrée par différents jugements où il s'agissait de la nomination d'un cessionnaire rapportée faute de refus de la prestation de serment. De même, les droits perçus ne seraient pas restituables si après l'acte de nomination et avant de rentrer en fonction, le cessionnaire cédait à son tour l'office à un tiers ; il y aurait lieu, au contraire, de percevoir un nouveau droit de cession. Ces décisions devront être admises encore, dans le cas où le cessionnaire décède avant de prêter serment, ou s'il est révoqué avant de prendre possession de son office, ou même si la nomination est rapportée avant la prestation de serment (1).

Récemment, cependant, un jugement du Tribunal de Blois du 10 mars 1897, auquel l'administration a acquiescé, a ordonné la restitution des droits perçus sur

____

(1) Deux arrêts de Cass. du 29 janv. 1851. I. G., 1883, § 2. Sirey, 51. 1. 184.

une cession dont le décret d'approbation avait été ultérieurement rapporté et avant la prestation de serment du nouveau titulaire, comme conséquence de la destitution de l'ancien (1). Une décision semblable avait déjà été admise dans une solution du 21 octobre 1872 basée sur cette considération que la nomination avait été rapportée pour des causes antérieures au traité.

Nous pensons qu'en Droit, ces restitutions n'étaient pas fondées. Il n'y a pas à distinguer entre les motifs qui font rapporter le décret de nomination; l'annulation de ce dernier dont on se sert pour motiver la restitution est, dans tous les cas, un événement ultérieur à l'arrivée de la condition qui a parfait le contrat.

Nous avons vu que sous l'empire de la loi de 1832, l'administration admettait déjà la possibilité de restituer les droits perçus, quand la ratification de la cession était ultérieurement refusée; mais elle était d'un avis contraire quand les parties s'étaient volontairement désistées de leur convention sans attendre l'avis du Gouvernement (2). Cette dernière opinion est abandonnée aujourd'hui, car la loi de 1841 semble avoir résolu la question en sens inverse. Elle ne dit pas, en effet, que les droits seront restitués si la nomination est refusée, mais d'une façon générale, si la transmission n'a pas produit d'effet, ce qui est aussi compréhensif que possible. La raison pour

(1) R. P., 9019.
(2) J. E.. 10668. Dél. du 16 juillet 1833.

laquelle la condition défaillit n'a aucune importance puisqu'on n'en a pas prévu ; du jour où la ratification est devenue impossible par l'anéantissement du contrat, le résultat est le même dans tous les cas : il n'y aura jamais de mutation, il n'y en a jamais eu et c'est conformément au droit et à l'équité que l'article 14 lui-même autorise la restitution d'un impôt qui n'aurait pas dû être exigé (1).

La deuxième partie de l'article 14 prévoit le cas où le prix d'une cession d'office a été réduit et décide que ce qui a été perçu sur l'excédent sera restitué.

L'administration pense que le législateur n'a eu en vue dans ce paragraphe que les réductions de prix imposées par la Chancellerie, et qu'une entente des parties postérieure à l'enregistrement de leur projet, ne saurait donner lieu à restitution partielle. Cette interprétation était déjà admise, par l'I. G., 1640 qui, parlant de restitution partielle, porte cette restriction : « lorsque le prix « exprimé dans le traité de cession avait été réduit par « l'autorité supérieure ». En effet, dit-on, l'accomplissement de la condition ne dépend que de la ratification du gouvernement : si elle défaillit on restitue tout ou partie des droits suivant que la nomination est refusée ou que le prix de cession seulement est réduit ; mais les changements opérés par les parties avant la présentation de l'acte à la Chancellerie sont des événements ultérieurs que la

_____

(1) Dél. du 17 mars 1856. Sol. du 26 sept., 1851. 10 août 1861. Garnier. v° office, n° 176.

loi n'a pu prévoir et sans influence d'après l'article 60 sur une perception régulière. Rien ne prouve, ajoute-t-on, que le prix d'abord convenu n'aurait pas été accepté (1).

Vu les termes généraux dont se sert la loi de 1841, il semble difficile d'admettre ce système. « S'il y a lieu à « réduction du prix », dit l'article 14, il ne distingue pas plus ici que lorsqu'il s'agit d'une restitution totale. Il ne faut pas perdre de vue que c'est par dérogation au Droit commun qu'on a perçu; on ne peut pas dès lors tirer du fait de la perception exceptionnelle à laquelle sont soumis les redevables, cette conséquence que leur acte qui n'est qu'un projet en réalité, doive être considéré par les tiers comme parfait et comme ayant irrévocablement produit ses effets. L'administration admet que les droits doivent être restitués si l'acte est entièrement résilié; or, en réduisant le prix primitivement convenu les parties se trouvent dans la même situation que si elles avaient annulé leur première convention pour en refaire une nouvelle. Pourquoi se montrer plus rigoureux quand le second contrat est passé avec l'ancien acquéreur que lorsqu'il est passé avec un tiers? Est-ce donc qu'on doive craindre la fraude? La ratification ultérieure de la Chancellerie est là pour la démasquer et faire réparer tout dommage causé au Trésor, en motivant un complément de perception. La loi n'a pas voulu que les parties fussent maîtresses de fixer elles-mêmes le prix de leur cession;

____

(1) Sol. du 18 juillet 1881. Garnier, v° office, n° 178.

en reconnaissant au gouvernement le pouvoir exclusif de le sanctionner, elle a dû considérer ce pouvoir comme infaillible, comme capable de trouver en lui seul les moyens nécessaires de régler avec justice les prétentions du cédant; on n'a pas à considérer comment il se prononce; que ce soit spontanément ou sur la demande des contractants que l'autorité supérieure, agissant au nom de l'État, réduise le prix, sa décision s'impose.

Nous pensons donc qu'il faut, dans toutes ses parties, respecter le texte de l'article 14 et autoriser la restitution partielle sans distinguer entre les causes qui ont réduit le prix, du moment qu'elles sont antérieures à l'arrivée de la condition suspensive.

Mais l'administration semble avoir définitivement admis le principe de la restitution quand, après la nomination et la prestation de serment, le prix est réduit par un jugement ou sur l'avis officieux du Parquet (1).

Ces solutions ne peuvent s'expliquer que par des considérations d'équité, car le jugement ou l'avis officieux du Parquet, qui interviennent après la nomination, ne sont que des événements ultérieurs sans influence sur la perception devenue régulière. L'article 14 ne pose une exception que comme corollaire de celle déjà posée dans les articles précédents; dès que celle-là disparaît, celle-ci n'a plus de raison d'être et c'est le principe de l'article 60 de la loi de frimaire qui doit être appliqué.

(1) Sol. des 10 octob. 1872, 5 novemb. 1875, 31 décemb. 1877. Rép. P., 4420. J. N., 13855. Sol. du 12 sept. 1883. R. P., 6248.

Le droit à la fonction n'est presque jamais en pratique le seul objet de la cession.

Comme il le dit lui-même, l'article 14 s'applique aux droits perçus, non seulement sur la transmission de l'office, mais encore sur tout ce qui en est l'accessoire, tel, comme le porte l'article 6 : sa clientèle, ses minutes, répertoires, recouvrements et autres objets en dépendant. D'une façon générale la restitution doit être admise pour tous les droits perçus sur les dispositions dont l'exécution dépend de celle du contrat : c'est ici qu'il est vrai de dire qu'*accessorium sequitur principale*. Ainsi seront restitués les droits exigés pour le cautionnement du prix dû par le cessionnaire (1). On restitue de même les droits perçus sur un contrat passé en dehors de celui qui constate la cession, mais à cause de cette dernière : La vente d'une maison avec l'office, par exemple (2). Il n'y a du reste, dans ce cas, qu'une application ordinaire du principe posé dans l'article 60 ; les droits avaient été perçus tout à fait irrégulièrement, aucun texte n'autorisant une perception même provisoire.

On a encore restitué un droit proportionnel de mutation à titre gratuit, perçu avant le refus de nomination sur un acte par lequel le cédant faisait donation du prix de vente ou des droits perçus sur la quittance du prix (3).

(1) Sol. du 6 oct. 1843. J. E., 13385. Sol., 21 juin 1851. 7 juillet 1854 et 28 mars 1864. Garnier, v° office, n° 190.

(2) Champ. et Rig., t. VI. n° 280. J. E., 14419. J. N.. 13263.

(3) Sol des 19 décemb. 1864 et fév. 1874. Garnier, v° office, n°s 188 et 189.

En sens invers, les droits perçus sur des dispositions contenues dans l'acte de transmission d'office, et qui constatent un état de choses antérieur à la passation de l'acte principal ou qui ne peuvent être anéanties quel que soit le sort de ce dernier, ne sont certainement pas restituables; ils sont de toute manière régulièrement perçus et d'une façon définitive; ainsi ceux qui sont exigés pour une reconnaissance de dette, ou pour le dépôt du prix de cession entre les mains du notaire rédacteur de l'acte (1).

Mais supposons que l'acte de cession renferme une délégation du prix en faveur de certains créanciers du cédant; il n'est pas fait mention de l'enregistrement des titres qui constatent les créances et on perçoit le droit proportionnel; la nomination du nouveau titulaire est refusée, doit-on restituer les droits exigés sur cette délégation?

Malgré une délibération du 6 octobre 1843 on a soutenu l'affirmative en donnant comme motifs que le droit de délégation bien que basé sur le montant de la créance déléguée est un droit *sui generis* qui n'est que l'accessoire du droit de cession dont il doit suivre le sort (2).

Notons que le droit perçu sur une cession d'office ne peut, aux termes de l'article 10 de la loi de 1844, être inférieur au dixième du cautionnement attaché à la fonction ou à l'emploi. Quand, donc, il y a lieu de percevoir ce

(1) Sol. du 13 décemb. 1872. J. E., 19867. 2.
(2) D. N., t. VIII, p. 799, n° 811. J. N., n° 11752

minimum, il ne peut s'agir de restitution ultérieure lorsque le prix est réduit même par la Chancellerie et l'article 14 ne s'applique qu'au cas de résiliation totale.

Enfin, ainsi que le disait l'I. G., 1656, plus haut rappelée, les dispositions de la loi du 25 juin 1841 « doivent être « considérées, quant à leur application, comme des appen- « dices de la législation de l'enregistrement », et il n'y aura, en conséquence jamais lieu de restituer les droits de timbre auxquels l'article 14 comme ceux qui le précèdent ne font aucune allusion, et qui restent régis par les lois qui leur sont propres.

§ VII. — Droits perçus sur les actes préparatoires aux ventes judiciaires d'immeubles. (Loi du 23 octobre 1884.)

La dernière des exceptions apportées au principe de l'article 60, se trouve dans la loi du 23 octobre 1884, qui ordonne la restitution de tous les droits perçus sur les actes préparatoires aux ventes judiciaires d'immeubles, dont le prix ne dépasse pas 2.000 francs. Exclusivement basée sur l'équité, cette loi n'a été édictée que dans le but de favoriser la petite propriété dont l'aliénation par la voie judiciaire était soumise à des frais obligatoires beaucoup trop considérables pour sa valeur ; en droit la nouvelle exception au principe de la non-restitution est injustifiable, car les impôts qui sont restitués avaient été régulièrement encaissés d'après les règles d'exigibilité des lois fiscales : c'est là une première différence avec les exceptions que nous venons d'étudier, et de plus, ainsi que nous l'avons remarqué à propos de la loi sur l'expropriation pour cause d'utilité publique du 3 mai 1841, le législateur de 1884 a expressément admis au bénéfice de la restitution les droits de timbre.

Des conditions requises pour que la restitution soit autorisée.

A. — Des conditions de fond.

Il faut qu'il s'agisse d'une vente judiciaire d'immeubles dont le prix principal soit égal ou inférieur à 2.000 francs et devenu définitif.

a) La vente doit être judiciaire et porter sur des immeubles.

Contrairement à l'interprétation que nous avons donnée de l'avis du Conseil d'État des 18-22 octobre 1808 sur les adjudications judiciaires postérieurement annulées par les voies légales, il n'y a pas, ici, à distinguer entre les ventes faites par le Tribunal ou par un délégué de celui-ci; aucune discussion n'a pu s'élever à ce sujet car la loi met sur le même pied les procès-verbaux d'adjudication et les jugements (article 4, § 1 et 2) et l'article 4, § 3, parle en termes formels du notaire délégué.

Mais on s'est demandé si toutes les ventes judiciaires

remplissant les conditions exigées par la loi, devaient bénéficier de la faveur accordée par le législateur de 1884. La question a été soulevée pour les ventes qui peuvent être faites autrement que par la justice et en particulier pour les licitations entre majeurs.

L'administration avait tout d'abord cru devoir faire une distinction et restreindre la portée de l'exception aux ventes pour lesquelles l'intermédiaire de la justice est toujours indispensable ; cette opinion a été abandonnée avec raison depuis un arrêt de cassation du 6 avril 1887 (1), qui s'est prononcé en sens contraire. Il est vrai que dans les travaux préparatoires, on avait émis l'avis de restreindre la portée de la loi aux ventes de biens des incapables, mais cet argument n'aurait de valeur que si le texte prêtait à l'ambiguïté ; or, il est tout à fait formel : « le béné-« fice de la présente loi s'applique à toutes les ventes « judiciaires d'immeubles », porte l'article 2, § 1 ; du reste, étant donné le but de la loi, on ne comprendrait pas la préférence accordée à une adjudication plutôt qu'à une autre : le cas d'un héritier majeur que ses copropriétaires obligent à une licitation judiciaire, est aussi intéressant que celui d'un colicitant mineur ou autre incapable.

Cette opinion avait déjà été adoptée, avant l'arrêt de 1887, par de nombreux jugements (2).

(1) R. P., 6863. S., 87. 1. 434.
(2) Jugement du trib. de Bergerac, 27 mars 1885. R. P., 6516. Jugement du trib. d'Auxerre, 4 novemb. 1885. R. P., 6574.

Donc, en dehors des ventes amiables, toutes les adjudications réunissant les conditions exigées par la loi de 1884, doivent bénéficier du dégrèvement autorisé par cette dernière, sans qu'il y ait lieu de distinguer suivant les motifs de la vente : ainsi la restitution des droits perçus sera autorisée pour les actes préparatoires à une adjudication par suite de surenchère, ou de surenchère sur folle enchère, ou à une licitation incidente aux opérations de liquidation et partage — article 2, § 1 et 3 — ou à une vente volontaire après conversion de saisie, sauf à déterminer, dans ces différents cas, le mode de calcul du prix et les droits perçus qui sont sujets à restitution : aux termes de l'article 2, § 3, dans le cas d'une licitation incidente à un partage, le bénéfice de la loi « sera acquis « à tous les actes nécessaires pour parvenir à l'adjudi- « cation, à partir du cahier des charges inclusivement : « les frais antérieurs ne seront pas employés en frais de « vente ».

Mais il faut que la vente judiciaire porte sur des immeubles. Ce n'est pas à dire, néanmoins, qu'on puisse exiger que la vente concerne exclusivement des immeubles. Quand des biens mobiliers sont vendus en bloc avec des biens immobiliers, la restitution sera autorisée si une ventilation faite par le tribunal ou son délégué porte le prix partiel concernant les immeubles à une valeur égale ou inférieure à 2.000 francs. Tel est l'avis de l'administration, rapporté dans l'I. G., 2704-8, qui fait très justement remarquer que la ventilation ne saurait d'ailleurs

être invoquée en dehors du cas pour lequel elle est permise, et que l'article 9 de la loi de frimaire, aux termes duquel « lorsqu'un acte translatif de propriété ou d'usu-
« fruit comprend des meubles et des immeubles, le droit
« d'enregistrement est perçu sur la totalité du prix, au taux
« réglé pour les immeubles, à moins qu'il ne soit stipulé
« un prix particulier pour les objets mobiliers et qu'ils ne
« soient désignés et estimés article par article, dans le
« contrat », doit recevoir quand même son application.

b) *Le prix principal de la vente ne doit pas dépasser
deux mille francs.*

Qu'entend-on par prix principal?

On ne peut mieux faire que d'emprunter la définition donnée par l'administration (I. G., 2704-2) : « l'expression
« de prix principal, dit-elle, a été insérée dans la loi avec
« la signification qu'elle a dans l'article 708 du C. proc. et
« afin d'enlever les charges accessoires, qui constituent
« pour la perception une partie du prix, mais dont l'ap-
« préciation aurait pu soulever des difficultés de nature à
« retarder l'exécution du remboursement. Le prix prin-
« cipal comprend donc toutes les sommes que l'acqué-
« reur doit payer au vendeur ou à ses créanciers et
« autres ayants cause ».

On a dit encore que c'était ce qui profite directement ou indirectement au vendeur en imposant un sacrifice à l'acquéreur (1).

(1) C. de Riom, 22 août, 1842. S., 42. 2. 458.

Les frais faits pour parvenir à la vente ne doivent donc pas entrer dans la composition du prix. Pourtant, on trouve dans l'I. G. sus-rappelée, que si une adjudication est portée à un prix supérieur à 2.000 francs, avec cette clause que les frais de la vente seront payés par l'acquéreur en diminution du prix, il y a lieu dans tous les cas de refuser le dégrèvement et qu'au contraire, ce dernier doit être accordé lorsque le prix est inférieur à 2.000 francs, bien que les frais soient payables en sus.

Cette distinction a été critiquée comme étant en contradiction avec les définitions que nous venons de donner du prix principal. Quelle que soit la clause insérée dans la vente, le vendeur ne retire aucun profit du payement des frais, qui dans le silence du cahier des charges à leur sujet, incombent de plein droit à l'acquéreur (1). De plus, qui dit prix principal, laisse entendre l'existence d'un prix accessoire ; or, ce dernier ne peut être précisément que le montant des frais et charges que partout la loi civile distingue du prix proprement dit (2), et quel que soit le mode de payement de ce prix accessoire, on ne voit pas pourquoi on le ferait rentrer dans le calcul du prix principal, en interprétant la loi de 1884 qui est une loi de faveur.

Il ressort du texte de l'article 4, § 1, que c'est le Tribunal ou son délégué qui peuvent seuls déterminer le montant des charges à ajouter au prix ou à en distraire,

(1) Art. 713, 764, 988, du C. proc.
(2) Art. 1673, 2183, 2185 du C. civil.

et cette détermination non attaquée par voie d'opposition, servira définitivement de critérium à l'application de la loi quels que soient les événements ultérieurs. Ainsi, un procès-verbal d'expertise attribuant postérieurement aux immeubles vendus une valeur supérieure à 2.000 francs, serait sans influence.

Il arrive fréquemment qu'une adjudication porte sur des immeubles formant des lots distincts. Nous allons examiner les différents cas qui peuvent se présenter dans cette hypothèse.

Aux termes de l'article 1, § 2 de la loi : « les lots mis « en vente par le même acte, seront réunis pour le calcul « du prix d'adjudication et la valeur des lots non adjugés « entrera dans ce calcul pour leurs mises à prix. — La « vente ultérieure des lots non adjugés profitera du béné- « fice de la loi d'après les mêmes règles ».

1° Tous les lots sont adjugés par le même acte ; le dégrèvement des frais relatifs aux actes préparatoires à la vente, sera accordé, suivant que la réunion des prix partiels et principaux dépassera ou non 2.000 francs.

2° Une partie seulement des lots est adjugée : d'après l'article 1 de la loi, on calculera le prix en réunissant à ceux obtenus par les adjudications définitives la valeur des mises à prix des lots non adjugés, et ces derniers profiteront aussi du bénéfice de la loi si le total est égal ou inférieur à 2.000 francs, mais à la condition, comme le porte une solution du 29 janvier 1886 (1), que les lots

____

(1) Garnier, v° vente judiciaire d'immeubles, n° 40, § 2.

non adjugés aient été mis aux enchères, car la loi exige en termes formels la mise en vente.

Il faut remarquer que les parties peuvent dès lors avoir intérêt à baisser le plus possible la mise à prix de certains lots, aussi cette dernière sera-t-elle soumise à la sanction du Tribunal qui appréciera si elle n'a pas été abaissée dans un but de fraude (1).

3° Aucun des lots mis en vente n'a été adjugé. Doit-on restituer si la mise à prix ne dépasse pas 2.000 francs ?

La question est très vivement controversée.

Pour la négative, on invoque le silence de la loi qui n'a prévu que le cas d'une adjudication partiellement infructueuse, et c'est, dit-on, tant pis pour les vendeurs qui ont été négligents en évaluant mal leurs immeubles : il faut attendre une autre vente sur baisse de mise à prix (2).

L'administration soutient l'affirmative. La vente ultérieure peut ne pas avoir lieu, dit-elle, ou elle peut se faire dans des conditions tout à fait différentes de la première : rien ne permet donc de les considérer comme dépendantes l'une de l'autre, et le bénéfice acquis à l'une ne doit pas être écarté par la possibilité de réalisation de l'autre.

Nous croyons néanmoins la première doctrine plus juridique. La loi de 1884 s'applique aux ventes judiciaires, et quand l'adjudication est infructueuse, il n'y a pas de vente puisqu'il n'y a pas d'acheteur ; or nous sommes en

____

(1) I. G., 2704. 12.
(2) Cass. du 27 janvier 1890. Sirey, 91. 1. 36.

matière d'exception et le texte doit être strictement interprété : l'hypothèse n'ayant pas été prévue, on doit lui
appliquer le Droit commun.

Les décisions que nous venons de donner sont applicables aux adjudications qui, bien qu'ayant fait l'objet de
poursuites distinctes seraient réunies dans un même acte
et restent réciproquement sans application pour des actes
d'adjudication distincts qui auraient fait l'objet d'une seule
poursuite ; il y aurait lieu, dans ce cas, d'envisager chaque
vente séparément pour savoir si elle doit ou non profiter
du bénéfice de la loi ; la condition d'unité d'acte est suffisante, mais elle est aussi nécessaire.

D'après le dernier alinéa du § 2 de l'article 1, les lots
non adjugés et remis en vente profitent du dégrèvement,
mais il faut remarquer qu'il n'y a de restitution possible
que pour les frais postérieurs à la première adjudication.
Si, en effet, le prix de celle-ci a été inférieur à 2.000 francs,
les frais qui ont précédé la vente ont été entièrement
restitués même pour les lots non adjugés dont la valeur a
été comprise dans le prix pour leur mise à prix ; si, au
contraire, le prix a été supérieur à 2.000 francs, les droits
non restitués ont été définitivement perçus quels que
soient les événements ultérieurs.

c) Il faut que le prix soit devenu définitif.

D'après l'article 3, § 1er, le prix « sera devenu définitif
« par l'expiration du délai de la surenchère (prévue par

« les articles 708 et 965 du Code de procédure civile et
« 573 du Code de Commerce ».

Cette énumération des surenchères est-elle limitative?

Il est certain qu'il faut exclure les surenchères sur folle
enchère qu'on peut produire pendant trente ans (1) ; elles
tiendraient les intérêts du Trésor et des parties trop longtemps en suspens pour qu'on puisse croire que le législateur les ait prises en considération (2). Si donc la revente
sur folle enchère est inférieure à 2.000 francs, il n'y aura
que les frais faits depuis la première adjudication qui
seront remboursés.

Cette solution doit, par identité de motifs, s'appliquer à
toutes les autres surenchères qui peuvent être faites dans
un délai supérieur à quinze jours. Mais que faut-il décider
pour les surenchères analogues à celles prévues par la loi
et qui se font dans le même délai de huitaine ou de
quinzaine? Telles celles des articles 743, 973, 988, 997
et 1001 du C. proc. civ. ?

Nous pensons qu'ici non plus l'assimilation n'est pas
possible. Il n'y aurait peut-être pas lieu en toute autre
circonstance de distinguer, mais on se heurte, dans le cas
présent, au texte de la loi de 1884 qui est, comme
nous l'avons vu, une exception toute de faveur pour le
contribuable : ces surenchères augmentent toujours le
prix et on arriverait à étendre l'application de la loi à

____

(1) Art. 733 du C. proc. et 2262 du C. civ.
(2) Cass., 14 janvier 1889. S., 90. 1. 486.

l'encontre des intérêts du vendeur qu'on a voulu protéger. Cette doctrine semble admise par la Cour de Cassation qui résoud incidemment la question à propos des surenchères sur folle enchère.

Lorsqu'une surenchère fixe définitivement le prix, la vente qui en résulte est considérée comme la continuation de la première adjudication et le bénéfice de la loi sera accordé à tous les actes qui ont précédé les deux ventes, suivant que le prix de la dernière dépassera ou non 2.000 francs. De même : si la surenchère ne porte que sur un lot, il faut en réunir le prix à celui de la première adjudication et c'est le total obtenu qui motivera le dégrèvement ou l'écartera (1). Donc, dans tous les cas où la première adjudication a dépassé 2.000 francs, le bénéfice de la loi de 1884 ne pourra pas s'appliquer à une surenchère partielle dont le prix serait même inférieur à celui qui est prévu pour avoir droit à la restitution.

Quant aux surenchères que la loi n'a pas énumérées, quel que soit du reste le délai dans lequel elles sont portées, les adjudications qui en résultent doivent être considérées indépendamment de celles qui les ont précédées.

Enfin, il est admis, en général, que dans le calcul du délai de huitaine ou de quinzaine que prévoit l'article 3, il faut faire rentrer le *dies ad quem*, mais non le *dies a quo*, jour de la première vente.

(1) Cass. du 1er décembre 1891. Sirey, 92, 1. 36. Sol. du 13 sept. 1892. Sir., 93, 2. 152.

B. — Des conditions de forme.

L'étude de ces conditions n'offre pas de difficultés ; ce qu'il est important de remarquer, c'est que leur réalisation, telle qu'elle est prescrite par la loi, est indispensable pour qu'il soit permis d'exiger la restitution à laquelle on a droit ; les textes qui les renferment étant conçus en termes précis et impératifs.

Il faut que le jugement ou le procès-verbal d'adjudication contienne :

1° La constatation que le bénéfice de la loi est acquis à la vente, article 4, § 1 ; il n'y a pas, du reste, de formule sacramentelle ;

2° L'ordre de restitution en termes exprès ; on ne pourrait l'induire de la fixation du prix, par exemple (1) ;

3° Un état taxé et annexé des frais de poursuites relatifs à la vente par distinction entre les droits du Trésor et ceux des agents de la loi, porte l'article 3, § 3, et cet état servira à établir la liquidation des droits à restituer si cela n'a déjà été fait dans l'ordre de restitution (2).

On a jugé (3) que la liquidation des droits à restituer en l'état taxé, pouvait être faite ultérieurement à l'enregistrement du jugement ou du procès-verbal d'adjudication, mais cette opinion ne saurait être admise, car on

(1) R. P., 6763.
(2) Jugement du trib. de Laon, 25 avril 1888. R. P. 7109.
(3) Jugement du trib. de Quimper, 31 juillet 1888. R. P., 7130.

arriverait à mettre le Trésor à la merci des contribuables
en enlevant à l'administration le droit de faire opposition ;
d'ailleurs la loi est formelle (1), et la question a été définitivement tranchée par la Cour de Cassation dans un
arrêt du 14 juin 1895 (Sirey, 96. 1. 247), qui a décidé
qu'on ne pouvait suppléer à la formalité substantielle de
l'état des frais joint au procès-verbal d'adjudication par
aucune production ultérieure.

En outre, c'est le Tribunal ou le notaire commis qui
« doit ordonner » la restitution, et la liquidation des droits
à restituer ne pourrait être faite par le président ou par
un juge du tribunal comme en matière de taxe; les termes
de la loi sont précis et il y aurait excès de pouvoir (2).

De l'opposition. — La loi a donné aux intéressés, c'est-
à-dire à tous ceux qui profitent de la restitution, ou
contre qui elle est opérée, et parmi ces derniers se trouve
au premier rang l'administration, le droit de contredire
par voie d'opposition, les décisions prises par le Tribunal
ou son délégué, soit sur la fixation du prix de l'adjudication, soit sur la ventilation de ce prix quand il y a lieu,
soit sur la liquidation des droits à restituer etc... enfin sur
tout ce qui peut motiver ou modifier la restitution.

Le droit de faire opposition est abandonné à l'initiative

---

(1) Jugement du trib. de Châteauroux, 9 juillet 1888. R. P., 7150.
Trib. de Tulle, 8 juillet 1890. R. P., 7584.
(2) I. G., 2704, § 18.

du receveur, et le délai est de trois jours francs qui courent à partir de l'enregistrement de la vente.

D'après l'article 4, § 1, cette opposition « sera formée « et jugée comme en matière d'opposition à taxe ». C'est donc au décret du 16 février 1807, articles 6, 7 et 8, qu'il faut se référer.

C'est à l'avoué poursuivant, auquel les droits sont restitués, que la signification et la sommation de comparaître seront notifiées. La procédure a lieu devant la Chambre du Conseil; l'instruction est orale et l'administration est représentée par un avoué; aux termes de l'article 6 du décret précité, le recours en Cassation est seul possible; enfin la procédure de l'opposition relève exclusivement de la compétence du Tribunal qui a ordonné le remboursement ou qui a délégué ses pouvoirs.

D'après le § 1 de l'article 4, cette procédure a lieu sans frais, mais on a quelquefois prétendu que la loi voulait parler seulement de l'exemption des droits de timbre et d'enregistrement. L'administration a repoussé cette manière de voir avec raison et la loi ne distinguant pas, il faut étendre le bénéfice de l'exemption aux émoluments des agents de la loi (1).

Supposons que toutes les conditions exigées par la loi de 1884 soient remplies. Quels droits faut-il restituer et comment s'opère la restitution?

(1) Jugement du trib. de Tarbes, 25 juin 1886. R. P., 6726. Voir aussi Rép. pér., 6559.

On doit restituer tous les droits d'enregistrement, d'hypothèque et de timbre qui ont été perçus sur les actes antérieurs et préparatoires à la vente, article 3, § 1. Ne pourront donc profiter du dégrèvement, l'acte de vente lui-même ou la quittance du prix, ou la déclaration de command.

Le bénéfice de la loi s'étendait aussi aux droits de greffe aujourd'hui supprimés.

Pour que les actes antérieurs à la vente motivent la restitution il faut : 1° qu'ils aient été rédigés en exécution de la loi : ainsi seront exclus les actes frustratoires ou annulés ou reconnus inutiles :

2° Qu'ils aient été rédigés pour parvenir à l'adjudication : tels une assignation, un commandement, une requête adressée au Tribunal pour obtenir l'autorisation de la vente, les placards et procès-verbaux d'apposition destinés à assurer la publicité (1). L'administration a d'abord refusé le bénéfice de la loi (2) à la signification prescrite par l'article 877 du Code civil faite aux héritiers par les créanciers d'une personne décédée pour arriver à une expropriation forcée : elle considérait, en effet, que cette notification bien qu'indispensable n'est pas exclusivement le préliminaire de la poursuite en expropriation, et peut tout aussi bien servir de point de départ à une saisie-arrêt

(1) Solution du 5 mars 1886. R. P., 6674.
(2) Jugement du trib. de Troyes du 10 novemb. 1886. R. P., 6867. Jugement du trib. de Vire, du 1er décemb. 1887. Rép. pér., n° 7011.

ou à une saisie immobilière, ou avoir quelque utilité après
la restitution. Mais dans une solution du 22 décembre
1890 (1) reconnaissant que « les effets de la signification
« sont habituellement limités à la procédure qui la suit »,
il a été décidé que l'appréciation du Tribunal pouvait être
regardée sans inconvénients « comme souveraine dans
« chaque espèce ».

Enfin sont encore considérés comme devant profiter du
dégrèvement, l'état de frais taxé (2), le pouvoir donné à
l'avoué en vue de requérir la conversion d'une vente sur
saisie immobilière en vente volontaire (3) et l'avis de
parents pour la vente d'immeubles appartenant à des
mineurs.

Aux termes de l'article 2, § 1, le bénéfice de la loi est
accordé aux incidents de subrogation, de surenchère et
de folle enchère. Cette énumération est considérée comme
limitative et ne pourraient rentrer en compte pour le calcul des droits à restituer, comme le fait remarquer
l'I. G., 2704. 9, les autres incidents susceptibles de se
produire dans les ventes judiciaires comme les demandes
en distraction ou les instances en nullité d'exploits, et
même pour les incidents prévus, il n'y a que les dépens
« employés en frais de vente » qui soient visés par la
loi.

(1) R. P., 7550.
(2) Jugement du trib. de Gray, du 11 sept. 1890. R. P., 7486.
(3) Sol. du 23 juin 1890. R. P., n° 7487.

Par une solution du 5 mars 1886 (1), l'administration a reconnu que la remise de l'adjudication ne devait pas être considérée comme un incident distinct de la vente et la Cour de Cassation, dans un arrêt du 27 janvier 1890 (2), a donné la même solution pour la vente sur baisse de mise à prix qui succède à une adjudication restée infructueuse (3).

Ainsi que le porte l'I. G., 2704, ce qui est dit des droits perçus doit s'appliquer aux droits non perçus pour les adjudications qui bénéficient du dégrèvement.

La restitution est faite par le receveur qui enregistre la vente, aux mains de l'avoué poursuivant, et pour justifier que rien ne s'oppose au remboursement des droits perçus, il faut remettre un extrait de l'ordre de restitution (article 4, § 2); un certificat constatant qu'il n'y a pas eu d'opposition, ou que celui qui l'a faite s'est désisté ou un extrait du jugement y relatif s'il y en a eu une (article 4, § 1).

L'administration prescrit en outre à ses agents d'exiger un certificat attestant qu'aucune des surenchères prévues par l'article 3, § 1, n'a été élevée dans la huitaine ou la quinzaine (4).

Ces certificats ou extraits sont délivrés par le greffier du Tribunal qui a ordonné la restitution ou commis un

(1) R. P., 6674.
(2) S., 91. 1. 36.
(3) R. P., 7368.
(4) I. G., 2704. 24 et 25.

délégué, sans frais et sur papier libre. L'avoué qui reçoit le montant des droits restitués doit donner décharge et l'article 4, § 2, ne dit pas que cette décharge sera donnée sans frais, aussi l'administration soutient-elle que le droit de timbre de 0 fr. 10 est exigible et elle a raison. Aux termes d'une d. m. f. du 26 août 1808 (1), en effet, les quittances relatives aux restitutions de droits et amendes indûment perçus sont seules exemptes du timbre; or, ici, la perception n'a pas été le fait d'une erreur du préposé et il faut en conséquence appliquer la règle générale.

Enfin, la restitution doit être faite dans les vingt-trois jours de l'adjudication aux termes de l'article 4, § 2, mais il est généralement admis qu'il faut dans tous les cas que le jugement ou le procès-verbal d'adjudication ait été enregistré (2).

(1) I. G., 397, § 3.
(2) Jugement du trib. de Tulle. 8 juillet 1890. R. P., 7581.

CHAPITRE V

DU DROIT FIXE DE FORMALITÉ, DES AMENDES ET DROITS EN SUS

§ 1. — Droit fixe de formalité.

Quels que soient les événements ultérieurs, rien ne peut anéantir la formalité donnée à un acte par son enregistrement : le droit auquel elle a donné lieu, compris dans celui qui a été perçu, à moins qu'un texte formel ordonne de le restituer, est définitivement acquis comme ayant fait l'objet d'une perception régulière et quand la restitution porte sur des droits irrégulièrement perçus, il faut en déduire le montant du droit fixe dû comme salaire. Cette taxe diffère, d'ailleurs, avec la nature des actes, et s'il n'est pas possible parce qu'ils sont imparfaits au sens juridique ou matériel du mot de leur attribuer un genre particulier, on retiendra le droit fixe des actes innomés. Il faut à ce propos remarquer que ce que nous avons dit, en étudiant la perception provisoire établie sur les contrats de mariage, de la restitution du droit proportionnel destiné à remplacer l'ancien droit fixe gradué, doit s'appliquer à tous les actes visés par la loi du 28 avril 1893 qui a fait la transformation. Ainsi le seul droit à retenir sur un partage non signé, ayant été l'objet d'une indue perception, est le droit fixe de 3 francs.

Quand les droits sont restitués en vertu de textes exceptionnels, la solution n'est plus la même. Il est manifeste que si en appliquant la loi de 1884 sur les ventes judiciaires d'immeubles, on retenait le droit fixe de formalité, dans la plupart des cas la faveur que le législateur a voulu accorder au vendeur serait complètement supprimée. En autorisant la restitution des droits perçus, les différentes lois que nous avons étudiées ne font pas de distinction. En outre, quand il oblige les redevables à acquitter provisoirement le droit proportionnel, le législateur refuse de reconnaître à leur convention le caractère d'acte innomé ; ce droit proportionnel a été régulièrement perçu, comme tel, et il ne renferme pas le droit fixe qu'il n'y a lieu ni de garder, ni de restituer.

§ II. — Des amendes et droits en sus.

La question de savoir s'il faut restituer les amendes et les droits en sus a donné lieu à plus de difficultés.

Quand il s'agit de droits irrégulièrement perçus, il est en général admis qu'il faut retenir le montant de la pénalité qui aurait été encourue si le préposé avait fait une saine application de la loi.

Supposons d'abord qu'il s'agisse d'une fraude constatée

dans un contrat : *cessante causa, cessat effectus* : lorsqu'on reconnaît qu'un acte rentrant dans la catégorie de ceux qui sont soumis au droit fixe, a été à tort considéré comme soumis au droit proportionnel de mutation, on reconnaît aussi qu'il ne pouvait donner lieu ni à dissimulation, ni à insuffisance, toute évaluation étant inutile et les droits en sus n'ayant plus de base doivent être restitués. C'est ce que l'administration a admis dans une solution du 14 mai 1872 (1) pour une donation contenue dans un contrat de mariage resté sans effet.

Mais il n'en est plus de même quand on se trouve en face d'une pénalité encourue par un officier public ou ministériel, pour n'avoir pas fait enregistrer l'acte dans le délai légal ou avoir violé les prescriptions de la loi fiscale. La rectification de l'erreur du préposé de l'administration, n'efface pas ici la contravention et il faut une sanction, mais le montant de l'amende qui en est l'objet devra être réduit à son minimum comme celui du droit reconnu définitivement exigible sur l'acte qui a motivé la peine (2).

Lorsque la perception ayant été régulière, les droits simples sont restitués par suite d'une exception apportée par la loi à l'article 60, la controverse est plus sérieuse. Pour soutenir que les droits en sus et les amendes doivent être restitués, on invoque la maxime *accessorium*

---

(1) Solution du 14 mai 1872. Garnier, v° contrat de mariage, n° 215.

(2) J. E., 14138. 2.

sequitur principale : le droit simple est remboursé, il en doit être de même du droit en sus ou de l'amende qui n'est qu'un dérivatif de ce dernier. De plus, dit-on, la perception provisoire est soumise à la condition résolutoire tacite de l'arrivée de tel ou tel événement; la condition accomplie rétroagit au jour où la formalité a été donnée à l'acte et il s'ensuit que ce dernier est considéré comme n'étant passible d'aucun droit : or *de nihilo nihil*, pas de droit simple, pas de double droit. Enfin, ajoute-t-on encore, la restitution d'une pénalité accompagnant celle des droits simples n'est pas impossible d'après la loi elle-même : le législateur du 25 juin 1841 autorise dans son article 14 la restitution des droits en sus perçus pour insuffisance d'évaluation.

Mais cette opinion a été repoussée par la jurisprudence administrative.

La théorie précédente encourage la fraude ou la négligence et il est inadmissible que le législateur veuille lui donner raison. Les redevables ou leurs mandataires n'ont pas à considérer s'ils payent les droits définitivement ou non : la loi a des exigences parce qu'elle les croit nécessaires, il faut en toute circonstance les respecter. Ici encore c'est au moment où les droits en sus et les amendes ont été payés qu'il faut se placer pour juger si leur perception était fondée et en déterminer le quantum. Du moment que la perception a été régulière, on n'est pas autorisé, à moins d'un texte formel, à anéantir une sanction édictée par la loi elle-même; or, les diffé-

rentes dispositions que nous avons étudiées ne parlent
que de la restitution des droits dont elles établissent l'exigibilité.

Est-il vrai de dire, en outre, que la pénalité est l'accessoire du droit simple? Comment se fait-il alors que le
minimum du droit en sus imposé par la loi du 23 août
1871, puisse être de beaucoup supérieur à ce droit simple?
De ce que la loi dispense du droit ou le restitue, rien ne
permet de croire qu'elle veuille dispenser l'acte de la formalité ou autoriser les fraudes.

L'argument tiré de l'article 14 de la loi de 1841 n'est
pas convaincant : en tout état de cause, vu le silence des
autres lois exceptionnelles à l'article 60, il ne prouverait
qu'une chose c'est que l'exception confirme la règle; mais
si l'article 14 comprend dans la restitution les droits en
sus payés pour insuffisance d'évaluation, c'est parce que le
traité de cession d'office est resté à l'état de projet; c'est
parce que la loi ne pourra jamais faire, bien qu'elle éta-
blisse une perception provisoire, qu'un contrat condi-
tionnel emporte mutation; or, comme nous l'avons dit
précédemment, pas de mutation pas de fraude d'évaluation; la restitution de la pénalité est ici une conséquence
nécessaire de celle qui comprend les droits de mutation.

CHAPITRE VI

DE LA PRESCRIPTION

Dans tous les cas où la restitution est admise, pendant combien de temps peut-on la demander ?

C'est l'article 61 de la loi de frimaire qui fixe le délai de la prescription dans son 1°, 2° alinéa; après avoir déjà posé le principe de la prescription biennale pour l'exigibilité de certains droits, il ajoute « les parties seront égale-« ment non recevables après le même délai pour toute « demande en restitution de droits perçus ». Basé sur ce motif que les intérêts du Trésor ne peuvent rester trop longtemps en suspens, l'article 61 est tout aussi exceptionnel que l'article 60, mais forme comme lui une des règles fondamentales de notre législation fiscale ; il est conçu en termes impératifs et doit être rigoureusement appliqué.

Les articles 48 et 69 de la loi de frimaire, l'article 14 de la loi du 23 juin 1841 et l'article 58 de la loi du 3 mai 1841, le reproduisent ou s'y réfèrent formellement et le Conseil d'Etat de 1808, comme le législateur de 1816, n'ayant pas manifesté l'intention de déroger au Droit commun en matière de prescription, c'est encore celle de l'article 61 qui est applicable aux demandes en restitution qu'ils autorisent exceptionnellement.

Mais il en est autrement pour le remboursement des frais d'actes préparatoires aux ventes judiciaires d'immeubles ; il est admis en doctrine et en jurisprudence que l'article 3, § 1, de la loi de 1884, en parlant de la restitution de « toutes les sommes payées au Trésor public », a voulu écarter le principe de l'article 61 de la loi de frimaire. C'est en conséquence, la perception quinquennale relative aux créances de l'État qu'il faut appliquer et les cinq ans courent du jour de l'ouverture de l'exercice auquel appartient la restitution ordonnée. L. 29 janvier 1831, article 9.

La prescription biennale étant exceptionnelle et renfermée dans la loi de frimaire, est spéciale aux droits d'enregistrement ; la demande en restitution des droits de timbre est prescriptible par cinq ans. Si donc on admet que l'exception de l'article 58 de la loi du 3 mai 1841 sur l'expropriation pour cause d'utilité publique, autorise la restitution de ces derniers droits, comme on exige sans distinguer la condition de production de l'arrêté de cessibilité dans le délai de deux ans, il faut aussi admettre qu'il a été créé une nouvelle exception au Droit commun en matière de prescription.

Quel est le point de départ de la prescription biennale ?

Tous les textes qui en font mention parlent du jour de

l'enregistrement ou de la perception dont a été l'objet
l'acte qui donne lieu à restitution et quelle que soit l'impossibilité matérielle où se trouve le redevable de justifier
sa demande avant l'expiration du délai, rien ne peut faire
fléchir la rigueur de la loi, toujours conçue en termes tout
à fait formels ; ainsi de nombreux arrêts et solutions ont
refusé de prendre pour point de départ de la prescription
la date d'un arrêté de cessibilité du préfet, en matière
d'expropriation pour cause d'utilité publique, ou d'un acte
de résiliement d'un contrat de mariage ou d'un acte portant réduction du prix d'un office (1).

Néanmoins, une délibération du 26 août 1820 (2), considérant que les droits relatifs à la déclaration de succession d'un absent, ne sont perçus que provisoirement et à
titre de dépôt, a reculé le point de départ de la prescription biennale pour la demande en restitution dont parle
l'article 40 de la loi du 28 avril 1816, au jour du retour
de l'absent : c'est, du reste, le seul moyen de donner à la
loi une portée effective.

La restitution doit être demandée dans les deux ans ; le
jour de la perception ou de l'enregistrement qui est le
point de départ du délai n'est pas compris dans le calcul
de ce dernier (3). Mais doit-on compter le dernier jour de
l'échéance, si c'est un jour férié ?

(1) Cass., 22 mars 1859. S. 59. 1. 204. J. G. 2160, § 4. J. G., 1590.
§ 14. Dél. du 31 janvier 1836. J. E., 11422. 1. Sol. du 19 novemb.
et 24 décemb. 1885. Garnier, v° expropriation. n° 219.
(2) J. E., 6871.
(3) Arrêt de Cass. du 3 mai 1854. S., 54. 1. 479. J. G., 2019. 9.

Quelques tribunaux ont soutenu la négative en se basant sur l'article 1033 du Code de procédure modifié par la loi du 3 mai 1862 et qui porte que « si le dernier jour « accordé pour faire les significations est un jour férié, « le délai sera prorogé au lendemain ».

L'administration et la Cour de Cassation se sont prononcées pour l'affirmative.

L'article 1033 fait partie d'une loi générale, et comme le fait remarquer un arrêt du 20 mai 1873 (1) il ne peut déroger à la matière spéciale de la prescription relative aux droits d'enregistrement. Du reste, il ne s'applique qu'aux délais francs, et celui de l'article 61 qui a une formule inclusive, ne peut être considéré comme tel. Enfin si le législateur avait eu l'intention de reporter l'expiration du délai au lendemain quand le dernier jour est férié, il l'aurait dit comme il l'a fait dans l'article 25, pour les délais relatifs à l'enregistrement des actes et des déclarations.

(1) Sir., 73. 1. 280.

CHAPITRE VII

Comme nous le disions en commençant notre étude, l'article 60 trop rigoureusement interprété a rencontré de tous temps de nombreux adversaires en doctrine et en jurisprudence. Nous avons vu que souvent les diverses applications que nous en avons rapportées auraient pu concilier dans une plus large mesure les exigences de la loi fiscale avec les principes de l'équité : le fait est regrettable. C'est une opinion erronée, sans doute, mais répandue partout dans le public aujourd'hui, que les droits versés à l'administration sont encaissés à jamais, même s'ils ont été irrégulièrement perçus ; ne trouvant aucune réciprocité entre ses droits et celui du Trésor, le contribuable se croit livré à l'arbitraire, devient méfiant et considère la fraude comme légitime : le résultat est des plus fâcheux pour les intérêts mêmes du Trésor.

Les déclarations des parties relatives aux valeurs sur lesquelles s'assoit la perception sont trompeuses, les mutations résolubles ou annulables restent secrètes, et pour écarter d'une façon générale les perceptions provisoires on en écarte beaucoup qui seraient définitives.

Le principe de la non-restitution des droits régulièrement perçus, même renfermé dans ses limites les plus étroites, est également critiquable.

C'est principalement dans le but de maintenir l'équilibre du budget et pour ne pas amener dans la comptabilité publique des complications gênantes, que le législateur de l'an VII a édicté la disposition rigoureuse de l'article 60; aujourd'hui, ces considérations ne peuvent plus avoir une portée bien sérieuse. On restitue tous les jours des droits d'enregistrement irrégulièrement perçus, ou à titre gracieux, des droits ou des amendes de timbre et personne n'a jamais songé à faire remarquer qu'il en résultât quelque embarras.

Les lois postérieures à celle de frimaire qui ont confié à l'administration le recouvrement des impôts du timbre par abonnement et de la taxe de 4 0 0 sur le revenu, se sont bien gardées de reproduire le principe de l'article 60 qu'elles savaient ne pouvoir justifier et les recettes générales du budget. sont devenues si considérables que le montant des restitutions accordées se perd facilement dans celui des dépenses imprévues. sans que rien ne souffre dans la stabilité des ressources budgétaires ni dans la marche de la comptabilité publique.

Les partisans du maintien de l'article 60 prétendent que son abrogation exposerait l'administration à de nombreux procès et la mettrait souvent à la merci des contribuables dont elle ne pourrait éviter les collusions frauduleuses. Nous ne croyons pas ces arguments suffisamment

forts pour justifier, à eux seuls, un principe aussi peu
équitable que celui de la non-restitution absolue des droits
régulièrement perçus, quelque importance qu'aient les
événements ultérieurs et quelque prouvée que soit la sin-
cérité des redevables. Au reste, s'il est un texte de loi
qui a soulevé des instances judiciaires, c'est bien, ce
semble, celui de l'article 60 ; les nombreuses solutions que
nous en avons analysées suffisent pour le démontrer et
les difficultés seraient, au contraire, la plupart du temps
supprimées, si au lieu de se trouver en présence de deux
principes contradictoires, on n'avait qu'à faire l'application du Droit commun. Quant à la fraude, elle n'est pas
plus à craindre quand il s'agit de restituer que de percevoir ; il y a mille façons de s'entourer de garanties suffisantes pour la prévenir ; c'est aux parties qu'incomberait
la charge de la preuve et l'on pourrait dans l'admission
de cette dernière se montrer aussi difficile qu'il serait
nécessaire. Sans doute, tous les événements ultérieurs ne
pourraient, sans distinction, influer sur une perception
régulièrement établie ; il faudrait évidemment écarter les
annulations et les résolutions volontaires ou amiables,
mais en confiant à la justice seule le pouvoir de motiver,
par ses décisions, la restitution des droits perçus sur une
convention rétroactivement annulée, l'abrogation de l'article 60 n'offrirait aucun danger.

Au début de l'année dernière, dans la séance du
18 janvier, M. A. Bisseuil a présenté devant le Sénat une
proposition de loi portant modification à l'article 60.

Trouvant surtout injuste l'application du principe de la non-restitution aux droits perçus sur des jugements postérieurement réformés par la voie de l'opposition ou de l'appel, ou sur des conventions dont la nullité est constatée en justice, M. Bisseuil a ainsi conçu son projet :

Article unique. — L'article 60 de la loi du 22 frimaire an VII, est modifié ainsi qu'il suit :

Article 60. — Tout droit d'enregistrement perçu régulièrement en vertu de la présente loi ne sera restitué que dans les cas prévus par le présent article, par les articles 48 et 69, § 3, n° 3, ci-après, ou par des lois spéciales. — Seront restitués et remplacés par le droit fixe de 3 francs en principal les droits proportionnels perçus sur :

1° Toutes dispositions des jugements par défaut réformées sur opposition ;

2° Toutes dispositions des jugements contradictoires réformées sur appel ;

3° Tout acte notarié ou sous signatures privées déclaré nul ou résolu par jugement ou arrêt définitif, pour une cause quelconque de forme ou de fond. Si l'annulation est partielle, le droit ne sera restitué qu'en ce qui concerne la disposition annulée.

Ce projet a le grand mérite d'avoir attiré l'attention du législateur sur l'article 60, mais peut-être n'est-il pas suffisamment complet : il laisse de côté un cas où l'application des règles de la *condictio indebiti* semble également devoir s'imposer ; c'est celui où une perception régulière en la forme est irrégulière au fond, comme ayant été exagérée par suite d'une erreur de fait émanant du redevable. Nous avons vu combien la jurisprudence de la Cour suprême elle-même a toujours été hésitante en cette matière, combien contradictoire même et l'innovation semble déjà toute préparée.

En résumé, nous pensons qu'il y aurait lieu non de modifier l'article 60, mais d'abroger complètement le principe de la non-restitution des Droits dits régulièrement perçus. Les principes généraux du Droit fiscal appuyés sur ceux du droit civil suffisent pour sauvegarder les intérêts du Trésor. En revenant à l'application du Droit commun dont la dérogation n'a plus aujourd'hui de motifs, on satisferait l'équité et la réforme serait certainement accueillie avec faveur par la doctrine et la jurisprudence.

Vu :
Le Doyen de la Faculté.
Louis VALLAS.

Vu :
Le Président de la thèse.
Albert WAHL.

Vu et permis d'imprimer
Lille. le 20 janvier 1899
Le Recteur.
J. MARGOTTET.